寺島実郎

全体知への体験的接近

中東エネルギー地政学

Middle East
Energy
Geopolitics

東洋経済新報社

はじめに
――エネルギー問題、そして中東との運命的な縁

思えば、私の人生は不思議なほどエネルギー問題と絡み合ってきた。現在の私がさまざまなメディアで外交や経済、中東、エネルギー問題について発言の機会を与えられているのも、その不思議な縁に導かれてのことと思う。

私は敗戦後二年目の一九四七年の八月に北海道の炭鉱町で生まれた。父は明治鉱業という大手の石炭会社に勤めており、その年の五月に身重の母と幼い兄を連れて、空知管内沼田町の昭和炭鉱に労務担当の若き総務課長として、九州から赴任したのである。

昭和炭鉱は留萌本線の恵比島駅から蒸気機関車に引かれて小一時間ほどの山奥にあった。敗戦の傷を引きずる混乱期のことで、前任地の九州から北海道の山の中に赴任するのに二〇日もかかったと聞いた憶えがある。

私が生まれた頃にはその山奥の炭鉱に三〇〇〇人を超える人が生活していたが、その炭鉱は

今は地図上には存在しない。かつて線路だったところには熊笹が生い茂り、熊が出る危険があるため炭鉱の跡地は立ち入り禁止となっている。そこに炭鉱町が栄えていた痕跡はまったくない。まさに「兵どもが夢の跡」である。

その沼田町は、一九九九年のNHKの連続テレビ小説『すずらん』の舞台となり脚光を浴びた。ドラマでは「明日萌駅」とされ、主人公となる赤ん坊が置き去りにされた駅舎のロケ地は恵比島駅で、近くには現在も撮影用に建てられた駅舎やSL列車が残っていて、観光スポットとなっている。

その後、父は釧路管内の白糠町にあった庶路炭鉱に転勤になり、私はそこで小学校に入学した。さらに、二年生の年の夏には九州は筑豊の飯塚近くの明治炭鉱に移り住んだ。そこで私は初めて「社会問題」を意識することになる。一九五五年のことだった。

日本近代史において石炭産業の持つ意味は大きい。明治初期は限られた輸出産業として、やがて工業化を支えるエネルギー源として、石炭産業は日本の近代化を支える基幹産業だった。「早稲田を卒業して明治鉱業に入社した頃の石炭は花形産業で、友だちに羨ましがられた」と、生前の父はよく自慢していたものだ。

私が生まれる一年前、敗戦直後の一九四六年一二月、政府は、戦後復興の柱として「傾斜生産方式」を掲げ、石炭産業への資材の重点投入を決めた。石炭は「黒いダイヤ」ともてはやされ、産業として活況を呈した。結果、五一年に日本の石炭産業の生産量は四六四九万トンに達し、炭鉱労働者は四一万人を数えた。ピークは一九六一年の五五四一万トンである。

政府が石炭産業を重視したことには、もう一つの理由があった。労働力の吸収である。戦前、大日本帝国の大陸進出の橋頭堡であった満州や、植民地の朝鮮半島、台湾などに多くの日本人が渡っていた。それらの人々は、敗戦で仕事も住む場も財産もすべてを失った。着の身着のままで日本本土に帰還した人々は「引揚者」と呼ばれたが、今日的に言えば「難民」である。その数は五〇〇万人と言われる。現在、内戦が続くシリアから夥しい数の難民が欧州に流れ込んでいくのを、多くの日本人は自分たちとは無縁の遠い世界のことであるかのごとく眺めているが、つい七〇年前には、日本人にも同じ過酷な運命が襲いかかっていたのである。

引揚者や復員兵の受け入れ先として、労働力を吸収するシステムとなり機能していたのが炭鉱だった。とりわけ、中国大陸に近い筑豊は多くの引揚者の受け皿になっていた。すべてを失った人々が、とりあえずの落ち着き先として炭鉱に仮住まいし、そこで自らの生活を再建し、次の人生を考える時間を過ごしていた。炭鉱は引揚者や復員兵にとって、その人たちの人生のバッファー（緩衝材）の役割を果たしていたのだった。

しかし、五〇年代後半には早くも石炭産業に陰りが見え始めた。政府主導の「石炭鉱業の合理化」が推し進められ、閉山と人員整理が相次ぎ労働争議が頻発する。「総資本対総労働の決戦」とまで言われた三井三池争議が起こったのは一九五九年のことだ。そして一九六二年には日本のエネルギー供給において石油の比重が石炭を追い抜くに至る。エネルギー流体革命である。史上空前の栄華を極めた石炭産業は、わずか一〇年の歳月を経て、見る影もない斜陽産業へと没落していった。

炭坑節という福岡県田川が発祥とされる歌がある。「月がでたでた　月がでた――」というあの歌である。この歌には次のような歌詞があり、あの頃の炭鉱の雰囲気を象徴している。

「ダイヤモンドがほしいなら　一度来て見れ　この鉱山《ヤマ》へ
男盛りのサマチャンが　粋で掘り出す　黒ダイヤ　サノヨイヨイ」

小学校二年生の私が、北海道から転校していった先は、陰りが見え始めた頃の筑豊であった。とは言え、そこには引揚者や復員兵が闊歩する、五木寛之の『青春の門』（講談社、一九七〇年）さながらの風景が色濃かった。転校した学校で私は「北海道」とあだなされ、体が虚弱だった兄が、荒くれ者の息子たちにいじめられる姿を何度も目にした。盆暮れには、その荒くれ者たちがわが家に現れて、酒を飲みながら大きな声で歌っていた炭坑節が今も耳に蘇ってくる。

左の写真は、土門拳の写真集『筑豊のこどもたち』（筑地書館、一九七七年）に掲載されている「弁当を持ってこない子」と題する作品である。私はこの写真を見ると今でも胸が締め付けられる。出版されたのは一九六〇年だが、そこに切り取られた光景は、私が目にしたそれとまったく同じものだからだ。父が大手企業の安定した管理職という「恵まれた子ども」だった私は、毎日弁当を持って学校に通ったが、教室には弁当の時間に皆が昼飯を食べているのを横目で見ながら、じっと本を読んでいる同級生が確かにいた。「なぜなのだろう」と素朴な疑問を持った。失踪した親に取り残された少女が、川で採ったザリガニを醤油煮にして弟や妹に食べさせているのを見たこともあった。心熱い人であった私の母は給食運動に奔走していた。そうした暮らしの中で、子ども心に社会の不条理を直感した。

土門拳『筑豊のこどもたち』より
「弁当を持ってこない子」

それが私の原体験であり、社会科学的問題意識の萌芽であった。エネルギー流体革命の荒波にさらされていた筑豊の炭鉱は、私の眼を社会に向けた最初の窓だったのである。

一九六〇年代末の大学生時代、私の父は明治鉱業の労務担当役員だった。政府の石炭政策で企業ぐるみの閉山が決まり、数千人の従業員の再就職先を探すため東奔西走していた。父の勤める会社は一九六九年に「企業ぐるみ閉山」として解散となったが、父は自分も職を失ったにもかかわらず、その後も「最後の一人の身の振り方が決まるまで責任がある」と言って、約一年間、無給で走り回っていた。「炭鉱《やま》の男は誇り高いから、再就職も大変なんだ」と呟いていた。それが私にとっての「親父の背中」である。同時に、就職を控えていた私は、エネルギー流体革命の洗礼を受けた、かつての花形産業の残酷なまでの末路に、強烈なインパクトを受けた。

人間は環境の子であり、人の生涯というものは時代環境に大きく規定される。誰であれ時代と無関係に生きていくことはできない。早稲田大学の政経学部で学んだ私の学生時代は、七〇年安保闘争を背景にした苛烈な学生運動の最中にあり、「全共闘運動」と向き合わなければ生きていけない時代だった。学生運動に与《くみ》するかどうかは別として、誰もが時代が突き付けてくる課題と向き合わざるをえない時代だった。

大学三年生だった一九六九年七月二〇日、アポロ11号が月面着陸に成功した。そのときに撮影された「Earth Rise」の写真は、私が仕事場にしている九段下の寺島文庫にも飾ってある。Sun Rise ではなく Earth Rise である。つまり、月面で活動したアームストロング船長らは、月の地平の彼方から地球が昇ってくるのを目撃したのである。その映像は宇宙中継で全世界のお茶の間に届けられた。地球が満天に瞬く星の一つに過ぎないことは知識として知ってはいたものの、それを全世界の人々が初めて自分の眼で実感し、納得した瞬間だった。私も同じだった。

大学では国際政治学や国際経済学も学んだが、国際という概念の前提には近代国民国家がある。つまり、国家というものがあって、国家と国家の際《きわ》、つまり相関において国際がある。それは現実の世界を考えるうえで重要な概念だが、私たちが暮らす地球が宇宙空間に浮かぶ星（グローブ）であると認識したときに、新しい世界観が生まれ、共有され始めたと思う。すなわち、国際を包み込むグローバリズムの概念だ。宇宙空間から眺めた青い地球には国境線など引かれてはいなかった。

私の中でも、地球という問題意識が育まれていった。一九七二年に発表されたローマクラブによる『成長の限界』（邦訳ダイヤモンド社）には、人口爆発、食料危機、今日でいう環境問題など地球レベルの問題が提起され、一〇〇年以内に地球上の成長は限界に達すると予言していた。そうした研究にも触発され、私はグローバルな世界の舞台に立ちたいと思うようになった。

大学院の修士課程で学び就職の時期を迎えていた私には三つの選択肢があった。アカデミズムの世界で研究を続ける道、内定をもらっていたテレビ局に入社してマスメディアの世界に入る道、そして先輩の誘いのあった総合商社・三井物産に就職する道だった。今思えば贅沢な悩みだったが、迷いの中で、産業の現場に近いところでグローバルに動いてみたい、日本経済の縮図のような業態でもあり、国際社会にいちばん近いと思われた総合商社で働きながら、もっと世界を勉強したいとの思いが強くなり、三井物産に就職する道を選んだ。素朴な直感で時代の空気を察知していたのだと思う。

一九七三年、大学院の修士課程を修了した私は三井物産に入社した。石油危機の年であった。それも何かの因縁であろう。そのときの私は、特に中東に強い関心があったわけでも、エネルギー部門を希望していたわけでもなかった。しかし、何の宿縁か、原油の採掘権を求めて会社が社運を賭けて邁進していたイランでの巨大石油化学プロジェクトに関わることになる。それを機に私の人生は、自分が思いもしなかった方向へと舵を切ったのである。

私はイスラエルや中東諸国に何度となく足を運び中東情勢を探究する仕事に没頭した。さらに、その後赴任したアメリカでも国際情報の仕事を続けることになった。中東体験とアメリカでの経験は、私の世界観に多大な影響を与え、時代を観る目を培ってくれたと思う。それが、私の二つ目の原体験となった。

エネルギーとの因縁はさらに続く。一九九一年から九七年までの三井物産ワシントン事務所長時代、私は湾岸戦争をアメリカで経験することになる。そして、ソ連邦崩壊後の極東ロシアで、三井物産とアメリカのマクダモト・エンジニアリングとマラソンオイルとの三者で天然ガス開発に乗り出した「サハリンエネルギー開発プロジェクト」では、ワシントンのロシア大使館で調印式が行われ、三井物産の代表の一人として立ち会う機会を得た。炭鉱で生まれ、石油によって人生を方向づけられた男が、中東を動き回り、そして日米露の三国が関わる巨大な天然ガス開発のスタートを目撃することになった因縁を想い、調印の席での私の感慨は深かった。

エネルギーとの関わりは、今日も続いている。(財)日本総合研究所を率いながら、私は経済産業省資源エネルギー庁の総合資源エネルギー調査会のメンバーとして一〇年以上、日本のエネルギー中期計画の策定に参画している。

このように、自ら意識してきたわけではないのに、私の人生は不思議なほどエネルギー問題と絡み合ってきたのである。もし、エネルギー問題と無縁であったなら、私の人生は随分違った景色になっていたと思う。


本書は、私の中東体験を総括し、このところ一段と混迷を深めるユーラシアの心臓部に関する認識を整理する試みであり、エネルギー問題への視界を拓くための私なりの論点整理である。論稿を書き進めながら、この総括は、戦後生まれ世代の先頭たる自分が、一九七〇年代に社会参加し、エネルギー問題を軸に世界と日本との関係性を探究する現場に立ち、格闘してきたことの確認であり、個人的体験でありながら、この時代を生きた日本人が何らかの形で目撃してきたことの整理でもあることに気づいた。ちょうど、夏目漱石のロンドン体験や森鷗外のドイツ体験が、ある時代の日本人の世界認識に意味を持ったように、私の体験を共有してくれる方もいるはずである。

また、一企業のサラリーマンとして、中東イランの革命と戦争に巻き込まれて、必死に企業のサバイバル・ゲームに参加して中東を動き回った段階から、アメリカ東海岸での一〇年間の活動を通じて、次第に「企業の論理」と「国家の論理」の乖離を認識し、さらに国家の論理を超えた世界観へと視座をパラダイム転換させる必要を感じ始めた。そして、イラン革命、湾岸戦争、イラク戦争と並走する中で、アメリカの中東戦略の陥穽と限界、日本がとるべき「立ち位置」を強く意識するようになった。さらに、中東一神教と向き合うことによって、日本人の宗教観の特質に気づきはじめ、東洋的価値に立つ「魂の基軸」へと関心が向かい始めた。

つまり、この本は中東を正視した私自身の三五年間の行動と思索のマイルストーンであり、揺れ動く世界への現時点での私の視座でもある。

目次◎中東・エネルギー・地政学

はじめに――エネルギー問題、そして中東との運命的な縁 1

第1章 中東との出会い――IJPCプロジェクトの衝撃 17

戦後日本最大の海外プロジェクト 19
青天の霹靂のイラン革命 21
イラン情勢を探るためアメリカへ 22
アメリカの中東専門家との面談で受けた衝撃 23
若気の至りの報告書が人生を変えた 26
IJPCプロジェクトの経緯と全容 27
総合商社の矜持とは 32
情報感度こそ総合商社経営の生命 36

第2章

ユダヤとは何か
──イスラエル体験での学び

41

徒手空拳でユダヤの国へ　43
テルアビブ大学シロア研究所　45
ユダヤ理解への歩み　48
ユダヤ教は中東一神教の母胎　55
マサダ・コンプレックスというユダヤ人の深層心理　57
グローバル・ネットワーク民族ユダヤ　62
ユダヤ理解の深化のために　64
ユダヤ陰謀説の陥穽　66
五人の偉人という話に込められた自尊心　68
ユダヤ系アメリカ人の影響力　70
メディアを通じて知らぬ間に沁み付く「ユダヤ的価値観」　72
ジョージ・ソロスとウクライナ体験　73
ユダヤ的思想なるもの　82

ユダヤ国際主義　83
高付加価値主義　85
ユダヤ的価値を生み出したもの　89

第3章

イスラムとは何か
──中東体験の総括

91
イスラム世界へ足を踏み入れて　94
中東での怖い体験　97
急がば回れ──カイロからテルアビブへ　100
スカラベとは──古代エジプトの知恵　102
真のインテリジェンスとは　103
サダム・フセインの右腕、アジズ外相との面談　105
イラン・イラク戦争下のバグダッドへ　108
サダム・フセインを怪物に育てたアメリカ　110
バベルの塔を訪ねて　112
トルコへ──米ミッションの一員として　114

中東・イスラム世界理解の第一歩 119
コーランを手に――和辻哲郎の『風土』から 123
イスラムの歴史的役割――アラビア語からの再翻訳としてのルネサンス 127
スンニ派対シーア派の対立という構図について 129
中東体験の総括として 133

第4章

アメリカでの一〇年
――思考のパラダイム転換

145
「衰退するアメリカ」からの復活――冷戦後という時代 147
発言者としての再起動――マンハッタン五三丁目の屋根裏部屋から 151
「知的三角測量」という視座の獲得 154
日米共同プロジェクト研究会の意味 157
湾岸戦争という危機 159
ワシントンへの転任――湾岸戦争という転機 187
ワシントンでの恐怖体験――アラブ・ボイコット問題 191
もう一つの恐怖体験――大統領府・国家安全保障局からの呼び出し 194

ワシントンという特殊な社会 198
ジョン・カーボーという憎めないロビイスト 201
秋山真之と山本五十六のワシントンでの足跡 205
企業人としての視座から、グローバルな視座へ 209

第5章

9・11、イラク戦争、日本外交
――時代の発言者として

215
アメリカへの不吉な予感――「自国利害中心主義」の落とし穴 217
二一世紀の到来 219
「間違った戦争」としてのイラク戦争への発言 222
日本に欠ける検証報道 237
心に残る理解者と支援者 241

第6章

今、中東・エネルギーをどう観るか——全体知の視点から　247

「中東協力現地会議」への参画——定点観測者として　249
今、中東、そして世界のエネルギー地政学において進行していること　254
①エネルギー問題に絡みつくマネーゲーム的要素
——アメリカの中東戦略の基調変化と石油価格乱高下の構造　254
②中東情勢を壟断してきた大国の横暴の限界
——サイクス・ピコ協定から一〇〇年　264
③中東一神教とその対立の構造
——今、再び四〇〇年ぶりの宗教の甦り（イスラム・ジハード主義台頭の構造）　273
日本と中東、そしてエネルギー戦略への視座　280
3・11を受けて　288

おわりに——時代の目撃者としての責任　295

第1章

中東との出会い

――ＪＰＣプロジェクトの衝撃

一九八一年一月。私は五人のアメリカの中東・イラン専門家と会うために、北米大陸を西海岸のロサンゼルスから東海岸のボストン、ニューヨーク、ワシントンまで、途方に暮れながら歩き回っていた。この時、三三歳。三井物産に入社して八年目の冬であった。

当時の三井物産は、三井グループが総力を挙げて取り組んだ壮大なプロジェクト「イラン・ジャパン石油化学（IJPC：Iran-Japan Petrochemical Company）」の中核推進役として、社をあげてその成功に向けて取り組んでいた。後に詳述するが、これは三井グループが中心となって設立した日本側の投資会社イラン化学開発（ＩＣＤＣ）とイラン側のイラン国営石油化学（ＮＰＣ）の共同事業で、イラクとの国境付近、ペルシャ湾の最深部に位置する石油輸出の港町バンダル・シャプール（現バンダル・ホメイニ）に、近隣の油田から発生する石油随伴ガスを原料として、イランで最初の総合石油化学コンプレックス（複合工場）を建設しようとしたプロジェクトであった。

結果から言えば、このプロジェクトはその後、イラン革命、イラン・イラク戦争などの歴史の荒波にさらされ、悲惨な結末を迎えることになるのだが、総投資額六〇〇〇億円、機会損失を含め総額七六〇〇億円もの償却を余儀なくされる巨大国際プロジェクトで、ピーク時には日本から三五〇〇人のスタッフが中東の砂漠に赴いたこの事業は、第二次世界大戦後の日本企業が関わった最大の国際プロジェクトであった。戦後、海外に派兵しなくなった日本で、これほどの日本人の成年男子が海の彼方の一カ所に渡ったことは、今日でも他に例はない。

戦後日本最大の海外プロジェクト

プロジェクトの端を開いたのは、私が入社する前の一九六八年に派遣され、三井物産からは若杉末雪副社長（肩書はいずれも当時）が参加した「訪イラン経済使節団」だった。七一年に三井グループを中心とする四社がイラン側とのジョイント・プロジェクトの主体になることで合意し、その年の一〇月に基本契約書が調印され、プロジェクトはスタートした。

一九七〇年代初頭のイランではパーレビ王朝がわが世の春を謳歌していた。七一年一〇月には、「ペルシャ帝政二五〇〇年祭」が華々しく開催され、世界中にその映像が流れた。新人社員時代から社長の財界活動支援の仕事をしていたこともあって、私は当時の池田芳蔵社長と親しくさせていただいていたが、当時池田社長が言われたことで、今も耳に残っている言葉がある。

「君、わかるな。パーレビ国王はイランの明治大帝だ。日本が近代化して富国強兵だ、殖産興業だと世界に立ち向かっていった時代の明治大帝と同じような存在に、パーレビはなっていくんだよ。そのイランの近代化、イランの維新にわれわれは力を貸して一緒にやっていくんだ」

私にそう言った池田社長は目を輝かせていた。

そのパーレビ国王は、クーデターで政権を奪取して、一九二五年にパーレビ王朝の初代国王となったレザー・シャーを継いだ王として、「白色革命」といわれた「脱イスラム化路線」（世俗化、西欧化）を強力に推し進めていた。七一年にはペルセポリスで前記の「ペルシャ帝政二五〇〇年祭」の大パレードが華々しく行われ、アメリカの支援を受けて権力の絶頂期のように見えた。だが、正にその「脱イスラム化路線」に反発するイスラム原理主義革命のエネルギーは静かに臨界点に迫っていたのである。

当時のことで、記憶に鮮明なのは、一九七九年一二月二三日に公開された映画『燃える秋』のことだ。五木寛之の原作『『燃える秋』（角川書店、一九七八年）』を、『人間の條件』で知られ、のちに『東京裁判』を撮ることになる小林正樹監督がメガホンをとった作品である。真野響子扮する主役のグラフィックデザイナー桐生亜希が、ドイツ人画家マックス・エルンスト展で出会った親子ほど年の離れた男性と恋仲におちるところから物語が始まる映画だったが、亜希はその関係を清算するためイランを訪れ、そこで出会った北大路欣也扮する商社マンに心惹かれていく、といった話だったと記憶する。

映画の内容はそれほど重要ではない。撮影はイランでも行われ、スクリーンにはイランの風景がふんだんに登場するご当地映画極まれりといった感のある映画だった。つまり、振り返ってみれば、三井物産に限らず、当時の日本のイラン認識は表層的なものだったということである。ブラックジョークのような話だが、この映画が公開されたまさにそのとき、イランでのイスラム原理主義革命が起こったのである。

青天の霹靂のイラン革命

思えば、このイランでの石油化学コンプレックス建設プロジェクトは、革命と戦争という歴史の荒波にさらされた悲劇の事業であった。一九七三年には第四次中東戦争に端を発した石油危機による世界的なインフレに見舞われ、建設費が高騰し計画の見直しを余儀なくされる。きわめつきだったのが七九年のイラン革命である。この年一月、パーレビ国王がエジプトに亡命し、革命の指導者だったホメイニ師が二月一日に帰国、四月に革命政権によりイスラム共和国が樹立された。

ホメイニ師の帰国は、前述の『燃える秋』公開直後のことで、映画を見た私にはシリアスな内容だけに場違いな喜劇に思われたが、会社はそんな呑気なことを言ってはいられない事態に追い込まれた。パーレビをイランの明治大帝と持ち上げ、IJPCに社運を賭けていた三井物産にとっては、青天の霹靂《へきれき》の大事件だったのである。

イラン革命による混乱のためIJPCのプラント建設工事は中断され、日本人スタッフは全員が建設現場から引き揚げる事態となる。その後、革命新政権の要望もあり、プロジェクトは継続することとなったが、民間企業が負うことができるリスクを超えているとの判断のもと、ＩＪＰＣは日本政府も出資するナショナルプロジェクトへと移行することが決まった。

その直後のことである。一九七九年一一月、テヘランで米国大使館占拠・人質事件が発生し、アメリカは対イラン経済制裁を発動した。これを機に、再開の途につき始めたばかりのＩＪＰＣは再び頓挫の憂き目に遭う。まさに進むも地獄、退くも地獄といった状況に追い込まれた。

イラン情勢を探るためアメリカへ

私がＩＪＰＣに関わり八一年一月にアメリカに渡ったのは、このテヘラン米国大使館占拠・人質事件がきっかけだった。

事件発生から一年が経とうとしていたある日、会社で経営企画と国際情報の仕事に携わっていた私は、プロジェクトの中心にいた化学品部門を統括する副社長の飯島敏夫さんから呼び出され、何とも漠とした指示を受けた。

「アメリカの国務省がテヘランの大使館人質救出のためにタスクフォースを編成したそうだ。

アメリカに行ってそこに参加する五人のイラン専門家に会って、今後のイランについての情報を収集してみてくれ」というのである。

新入社員に毛が生えたぐらいの頃だったから、飯島副社長も私の情報収集に過大な期待を寄せてのことではなかったと思う。ただ、その頃の社内では、イラン革命を予想していなかったことへの衝撃もあり、それまでの国際情報活動、とくに中東に対するそれが的確であったかどうかについて反省が起こり、中東情報分析のどこに欠点があったのかを洗い出そうということになっていた。とにかく、革命以後の混乱の中、少しでもイランの情報が欲しい。アメリカがイランをどう分析しているかも含め、とにかく今後の対応の前提となる情報をということで、私は一人アメリカに飛んだのである。

私は中東を専門にしていたわけでもイランの専門家でもなかった。イランもイスラムもわからないままの、突然の指令に私は苦闘した。成果をあげるために必死になって文献を集め、質問票を作り、こちらの問題意識を伝えるために手紙や資料を送ったりして、面談に備えた。

アメリカの中東専門家との面談で受けた衝撃

このとき、私が面会して直接話を聞いたのは、南カリフォルニア大学のT・アグモン博士やハーマン・カーンが創設したハドソン研究所のディレクターだったG・H・ウィットマンら五人の中東・イラン専門家だった。西海岸から東海岸まで、アメリカの情報の専門家たちを訪ね歩いてまず驚いたのは、五人のうち三人がユダヤ人だったこと、そして、その全員がイランにイスラム原理主義革命が起こる可能性を認識していたことだった。それは驚きというようなものではなく、まさに衝撃だった。

一方、私の話を聞いたアメリカのイラン専門家たちも驚きを隠さなかった。「日本企業はイラン革命の可能性も認識せず、中東のような民族・宗教が入り交じった複雑怪奇な所で、社運を賭ける大プロジェクトをやっていたのか」と、あっけにとられていた。こちらはイラン専門家の情報収集力に驚き、あちらは日本を代表する総合商社のあまりの無知に驚いたわけである。

五人の専門家を訪ね歩くうちに、私は血の気が引いていくのを感じた。私たちの国際情報活動が、いかに偏ったものであったかを思い知らされたからだ。もちろん、三井物産が情報収集活動を怠っていたわけではない。いわゆるアラブ筋という情報チャンネルやコンサルタントに相当な資金を投じて情報を収集していた。その結果がパーレビ政権への過大評価であった。最後にニューヨークに立ち寄ったとき、トライボロー橋の彼方に見た冬の摩天楼の夜景を今も覚えている。これから向き合わねばならない世界の凄まじさに戦慄を覚えたものだ。

イラン革命が起こるまで、三井物産が頼っていたアラブ筋の情報とは、「アラブの利害というフィルターを通した情報」であり、その頃のアラブ筋の情報はエジプトのカイロか、バーレーンのマナマ、キプロスのニコシアから発信されるものが主流だった。湾岸の大国サウジアラビアがジャーナリストや研究者の入国を許さず、レバノンが混乱し始めたため、情報センターがその三カ国に移動してしまったのが理由だった。そのため、中東の生きた情報はブラインドになっていたのである。

一方、ユダヤ（イスラエル）からの情報はまったく閉ざされた状況にあった。一九七〇年代のイスラエルと日本は非常に冷たい関係になっていたからだ。ユダヤ筋の情報とは大半は、イスラエルの利害に関わる情報であり、敵対するアラブには不利な情報である。そこが重要だ。七三年の石油危機の際、日本政府は中東政策についてそれまでの中立を棄て、石油を依存するアラブ諸国に対して「アラブ友好国宣言」なるものを発し、イスラエルを切り捨てた。中曽根康弘通産相が主導したその政策は、親イスラエルのアメリカなどから石油欲しさの「油乞い外交」と批判を浴びた。前年には日本赤軍によるテルアビブ・ロッド空港（現ベン・グリオン空港）乱射事件が起こったばかりだったこともあり、日本とイスラエルの関係は極めて冷却していた。

つまり、ユダヤ筋からの情報からも閉ざされた中で、歪んだ情報過疎地帯に置かれ、中東情勢の地殻変動リスクに気づかぬまま、三井物産は中東での巨大プロジェクトに突き進んでいったわけである。

若気の至りの報告書が人生を変えた

アメリカからの帰国後、まだ血気盛んで生意気盛りだった私は、ある意味で背伸びをした報告書を、飯島副社長をはじめとする上層部に提出した。

「中東は民族や宗教が複雑に入り組んでいる。社運を賭けた事業を中東で行うなら、アラブ筋の情報だけではなく、ユダヤ情報やイスラエル情報、中立の研究機関の情報などを、バランスよく多角的な情報筋から入手すべきである」――。

今思えば、若気の至りではあった。しかし、ここが三井物産の社風の面白いところなのだが、それを読んだ上層部は辛辣な進言に眉をひそめるどころか、経営会議メンバーが「そのとおりだ。大事なことだ」と報告書を評価したうえで、「それじゃ、君が行ってチャンネルを作って来い」と、私にイスラエル行きを命じたのである。

かくして私は、自らが蒔いた種でイスラエルに何度も足を運ぶことになった。このときのアメリカでの情報収集と、その報告書がきっかけとなったイスラエルでの経験は、その後の私の人生を大きく転換させるのだが、もちろん、そのときにはそんなことになるとは思ってもいなかった。

イスラエルでの体験、そしてユダヤとの出会いは次章の主題だが、その前に、このとき、三井物産が直面していたＩＪＰＣプロジェクト、イランでの石油化学コンプレックス・プロジェクトとは何だったのか、なぜこのプロジェクトに三井物産は挑んだのか、その後の議論の前提にもなるので、改めてＩＪＰＣの全容を語っておきたい。

ＩＪＰＣプロジェクトの経緯と全容

前述したとおり、ＩＪＰＣプロジェクトはペルシャ湾岸のイラク国境線に近い砂漠の中にあるバンダル・シャプールの地に、石油随伴ガスを原料として大型の石油化学コンプレックスの建設を目指したイランと日本の共同事業だった。

その端緒は一九六八年一一月の経済使節団のイラン訪問にあるが、それに先立ち、帝人の大屋晋三社長がイランを訪問し油田を視察した際、煙突の先で随伴ガスが燃やされているのを見て、もったいないからあれを利用したほうがいいと発想したことから始まったとの伝説が残っている。覚えている人も多いと思うが、大屋さんの奥さんは、派手な装いと「うちのお父ちゃんがな」という決まり文句でメディアにもてはやされ、今で言うセレブタレントの走りともいえる大屋政子さんである。彼女がロンドンに展開した日本レストラン「MASAKO」には、何度も訪れた思い出がある。

石油資源に富むイランは、当時、パーレビ王朝の統治下にあり、中東でもっとも安定した発展性に富む国と見なされていた。イラン側には原油を輸出するだけでなく、随伴ガスを有効利用して、近代的な石油化学工業を興したいという強い希望があった。他方、石油の安定確保が経済発展の必須条件だった日本には、石油化学を発展させた実績、近代的化学工場操業の技術力があった。両国の思惑はぴたりと一致していたのである。

この経済使節団には三井物産の副社長

若杉末雪も参加していた。GHQによる戦後の財閥解体で一九四七年に解散された旧三井物産は、五九年の三井物産大合同で新生「三井物産」として再生していたが、旧三井物産の石油部を母体にしたゼネラル石油が大合同に参加しなかったため「石油元売り権」を失ったままになっていた。そのため、例えば同業他社の三菱商事は「石油元売り権」を持っているという状況の中で、熾烈な競争を繰り広げていた。三井物産には焦燥感があり、石油流通の川上を押さえるべく、イランの油田での鉱区獲得を目指したのである。

イランもしたたかで、原油の鉱区の開発権を与える見返りに「イランとの何ら

完成直前だったIJPCプロジェクトの全景（1978年12月25日時点、『IJPCプロジェクト史』より）

かの共同事業を行うこと」を付帯条件としてきたため、具体案として浮上したのが随伴ガスを使った石油化学事業だった。大型の複合工場を建設し、石油随伴ガスを原料にポリエチレン、ポリプロピレン、ベンゼン、合成ゴムなどの石油製品を製造する事業である。

結局、三井物産が獲得した鉱区からは原油は出ず、皮肉なことに付帯条件の石油化学事業だけが義務として残った。一九七一年一二月、三井物産、東洋曹達工業、三井東圧化学、三井石油化学工業の四社が出資してイラン化学開発（ＩＣＤＣ）が設立され、イランとの共同事業に突き進むことになった。始まりから思うに任せぬ、不幸な星の下に動き出したプロジェクトだった。

このプロジェクトには次々と不幸な出来事が襲いかかる。一九七三年の石油危機により、ＩＪＰＣは最初の歴史の洗礼を受ける。諸物価が高騰し、建設費は当初（七二年）予算の一四六八億円から七四年には七四〇〇億円に跳ね上がった。交渉により一部をイラン側が負担することになったが、それでもＩＣＤＣは五五〇〇億円の建設費を拠出することになった。

ピーク時には日本から三五〇〇人を超える建設作業員、さらにインド・パキスタンなど第三国からの作業員三五〇〇人を加えた体制で、建設工事は着々と進み、重量ベースで八五％の工事が完了し大型プラントがその全容を見せ始めていた頃、イラン革命が起こった。二度目の洗礼である。日本人スタッフは全員イランから引き揚げ、工事は中断する。

イランとの継続的友好を重視した日本政府が革命政府を承認すると、新政権が強く要望したこともあって、プロジェクトの継続は決まった。だが、革命という混乱の中、民間企業が負えるリスクではないとの判断の下、ＩＣＤＣは日本政府に支援を要請、ＩＪＰＣは日本政府も参加し民間一〇〇社が出資したナショナルプロジェクトに変貌した。外交関係を配慮して国家プロジェクトとなることによって、ＩＪＰＣは三井という民間企業にとって、皮肉にも異次元の悩ましいものになった。民間企業の事業性判断だけでは撤退できない事業になったからである。

事業の継続は決まったが、イランの新政府が主導するイラン国営石油化学（ＮＰＣ）との工事再開交渉は難航した。一九八〇年六月に工事再開が合意され、日本人スタッフが続々と現場に戻り始めた直後、三度目の、そして最大の洗礼が待っていた。革命の伝播を恐れたイラク空軍によるイラン領爆撃である。

七月一一日に始まった空爆はエスカレートし、九月には全面戦争に突入。両国国境に近いバンダル・シャプールの建設現場も空爆にさらされ、プラント群にも相当な被害がでた。高圧で動かすプラントだけに、パイプの小さな傷でも影響は計り知れないものがあるとされた。建設現場への空爆はイラン・イラク戦争が終結する一九八八年七月まで繰り返され、累計二〇回に及んだ。

こうして、三井グループだけではなく、日本政府や財界までがその成功を期待したＩＪＰＣという巨大国際プロジェクトは事実上、崩壊した。清算交渉には一〇年の歳月が費やされ、一九八九年に全面償却して事業を清算したとき、三井物産には機会損失も加えて約七六〇〇億円の損失だけが残った。結局、政府の輸出保険などで求償されたのは七七七億円という語呂合わせのような数字であった。

七六〇〇億円は、授業料というには余りにも莫大な額だ。この事業の失敗は、今日でもハーバード・ビジネス・スクールで「革命と戦争」というカントリー・リスクのケーススタディとして取り上げられるほど、踏んだり蹴ったりのプロジェクトだった。私の記憶では、少なくともこのプロジェクトに関わった三井物産の人間が四人死んだ。疲労困憊《こんぱい》と重圧の中で自殺した人もいた。灯火管制下のテヘランで交通事故死した人もいた。このプロジェクトの末席に加わった者として、時にそれらの先輩の表情を思い出すことがある。

総合商社の矜持とは

ＩＪＰＣの失敗は多くの教訓を残すことになったが、では、なぜ三井物産の先輩たちは、日本から遠く離れた中東の、イラン・イラク国境地帯の砂漠に巨大な石油コンプレックスを建設するという壮大な夢を追いかけたのであろうか。

GHQの占領政策の一つだった財閥解体により、旧三井物産は戦後の一九四七年に解散を強いられ、二〇〇を超す小さな商社群に分散したが、一二年の時を経て、五九年に水上達三率いる第一物産を中核として再編・合同された。私が入社する一四年前のことだった。

再編はされたが、旧三井物産石油部が母体となった「石油元売り権」を持つゼネラル石油は新生三井物産に帰ってこなかった。そのため上流の原油の採掘権を求めてイランに乗り出していったことはすでに触れたとおりだ。だが、社運を賭けるほどのリスクを背負ってまで、原油の採掘権にこだわった理由は何だったのか。そこには旧三井物産創業以来、脈々と受け継がれてきたかつての国策商社としてのDNAと、総合商社としての矜持《きょうじ》があったと思う。

一八七六年に創業した三井物産の出発点は、日本の貿易の九割以上を「外商」といわれる海外の貿易商に握られていた状況に対して、日本人による貿易チャンネルを創るという志の下に、三井家から二七歳の益田孝に初代社長の白羽の矢が立ったことにあった。支柱となったビジネスは官営の三池炭鉱から採掘された石炭を輸出する事業であり、そもそも国策商社の色彩が濃かった。文明開化、殖産興業の時代の国策を背負って誕生したのが三井物産だった。

志高く、国家の課題を背負って産業を興し、プロジェクトを創っていくとの気概は、戦後の解散・再編という歴史の洗礼を受けた後も受け継がれた。例えば、私の上司でもあった大原寛

（元三井物産専務）という人は、一九六〇年代、インドネシアのスマトラのジャングルで農業開発を行うプロジェクトに挑んだ。インドネシアの産業振興にもなり、日本の食料問題にも資するプロジェクトだった。大原さんはその経験を振り返り、「使命感を持って仕事をしろ」と後輩に言い続けていた。

「商社は海軍である」と言った学者がいた。言わんとするところは、敗戦後、武力を放棄し、国際社会で平和国家として生きていく道を選択した日本にとって、海外に進出するための橋頭堡は商社である、ということであろう。

世界の大国が武力を背景に世界に利権を求めるのとは違い、日本では商社が時代のニーズの産業的解決者として世界に飛び出していった。国土の狭い島嶼《とうしょ》国である日本にとって、ニーズとは資源でありエネルギーである。原油の川上への布陣は三井物産の悲願だったが、ＩＪＰＣには、戦後の日本で商社に求められた役割を果たすという大義も確かにあった。

今日では、一私企業の社員が「国家のニーズを背負ったプロジェクト」などと口にすれば、誇大妄想と言われそうだが、当時の物産マンは大真面目だった。

三井物産の先輩たちがイランでの石油開発に立ち向かっていったもう一つの理由は、総合商社の「総合性」へのこだわりだ。総合商社を形容して、「ミサイルからラーメンまで」という言葉があり大型の万屋と思われがちだが、それは総合商社の本質を理解した言葉ではない。産業の川上から川下まで、つまり原材料から消費財まで、バリューチェーン（価値連鎖）を長くとって、そこから生まれる付加価値を取り込んでいくのが総合商社の真骨頂だ。

総合商社は輸入も輸出も、三国間貿易も行う。その総合性が経済環境の変化に伴うリスクを吸収するバッファーとなって、揺るぎない経営が生まれる。円高になれば輸入に、円安になれば輸出に活動をシフトできる柔軟性が確保できる。ところが、この一〇年ほど、「資源インフレ」に誘導されて、いつの間にかビジネスを原材料に集中する業態となり、バリューチェーンが短くなった。そのことが、この二年間に進行した原油・資源価格の下落による業績の悪化をもたらしたのである。

ＩＪＰＣで「会社がつぶれるかもしれない」という緊張感の中で苦闘していた頃、この事業の直接当事者である化学品やプラント部門以外の物産マンたちは、いっさいの文句も言わず苦境に耐えていた。それが総合商社の背負う使命だと認識し、巨大な損失を全社で償却することに理解を示した。

この頃、ＩＪＰＣに立ち向かった一九八〇年代の三井物産を支えた経営者、八尋俊邦、江尻宏一郎、それを支えた飯島敏夫、堀野和夫副社長にしても、新産業の創生と総合商社の「総合」という業態にはこだわりを持ち続け、「長期基本戦略」（八五年〜八六年策定の一〇年計画）の策定などに力を入れた。単なる事業の多角化ではなく、すべての産業を視界にいれて、そのシナジーの「統合」の中から事業を構想していく視界こそ総合商社の真骨頂であった。

実は、私の三井物産での仕事を振り返るならば、前記の長期基本戦略のタスクフォースをはじめとして、上島重二社長の下での「長期業態ビジョン」（九七〜九八年策定）、さらに槍田松瑩社長の下での「新・長期業態ビジョン」（二〇〇七〜〇八年策定）の策定事務局の仕事をしてきたといっていい。間違いなく言えることは、三井物産経営の基本思想として連綿と共有されていたのが「業態の総合的バランス」であった。

情報感度こそ総合商社経営の生命

産業の川上から川下までバリューチェーンを長くとってビジネスを展開する総合商社の生命線は「地政学的知」に関する「情報感度」である。

三井物産には「二人の創業者」がいると言われ、一人は一八七六年に三井物産を創業した益田孝であり、もう一人は一九五九年の大合同を主導し、新生三井物産の推進役となった水上達三である。三井物産を作ったこの二人はともに卓越した情報感度の持ち主だった。

益田孝は三井物産創業の年の冬に、社内情報誌として『中外物価新報』を創刊した。物価の動きの中にこそ世界の物流の変化、政治経済情勢が投影されているという考えに基づく創刊であり、「外商」が日本の貿易を圧倒的に支配する状況下で内外物価の差を的確に掌握することが公正な貿易には不可欠であるという益田の問題意識を反映するもので、益田は自ら論説の筆をとった。『中外物価新報』はその後独立して今日の『日本経済新聞』となる。益田は日経の創業者でもあるのだ。

そして、戦後の三井物産の中興の祖、水上達三にはさまざまな逸話が残されている。東京商科大学（現一橋大学）を卒業した水上は、入社翌年から六年間、群馬の高崎派出所勤務となった。入社早々国内の小さな派出所に六年も飼い殺しにされたら、普通は腐ってしまうところだ。しかし、水上は違った。その状況を積極的に受け入れ、派出所員だからこそ読めた、本店にいたら読めないような社内出状を精読し勉強した。そういうセンスの持ち主だったのである。

敗戦を三井物産北京支店長代理として北京で迎えた水上は、抑留されていた日本人一三五〇人の引き揚げ団団長として帰国している。大混乱の北京にあって、したたかにも短波放送の受信機を入手し、サンフランシスコ、ニューデリー、メルボルンなどから伝わる敗戦後の日本の状況把握に努めたことが評価され、引き揚げ団のリーダーに推されたのだった。

新入社員だった頃、私は、相談役に退き日本貿易会の会長をしていた水上さんのサポートを仰せつかったことがあった。そのとき身近で仕事ぶりを拝見し目に焼き付いているのは、マクロの経済統計を左手に、ミクロのビジネスの現場の情報を右手にして、鋭い解析力で問題を見つけ出し、課題解決のための対応を指示する姿だった。それは、水上さんに仕え、仕事をともにしたすべての人の記憶に刻まれた水上像でもあった。

益田がレールを敷き、水上がこだわったポイントも、先ほどから言及している総合商社の総合性だった。水上は旧三井物産解散時には物資部の副部長にすぎなかったが、群馬で結ばれた妻の実家である井上工業――少年期の田中角栄が勤務していたことで後に有名となる――から支援を受けた一九万五〇〇〇円を元手に「第一物産」を創業した。このとき、旧三井物産は二〇〇を優に超える専門商社に分散したが、水上の志はあくまで総合商社だった。「第一物産」とは「天下第一物産」を志したものであり、その社名は、小さくとも総合に胸を張る水上の心の反映だった。

ＩＪＰＣの後日談だが、私が三井物産戦略研究所の所長だった折、プロジェクトの全容と「失敗の教訓」を後世に残すため、研究所を窓口に、ＩＪＰＣに関わった先輩たちが特別チームを編成し、Ａ３版で二七五頁に及ぶ詳細な報告書『ＩＪＰＣプロジェクト史――日本・イラン石油化学合弁事業の記録』を編纂し、資料の集約作業が続いていた。相当な予算をとり、自らの大失敗を総括・記録する企業は、決して多くはなかろう。こうした気風は三井物産の血となり肉となり、新たな情報感度を生んでいる。そして、報告書はイランや中東を学ぶ目に見えない知的財産ともなっている。

さて、私自身の人生にとっても、ＩＪＰＣという体験は自分の情報感度や世界観を大きく変えるものであった。中東での孤独なフィールドワークの積み上げと、中東に関する文献研究が私の視界に化学反応を起こしたことは間違いない。

私が発言者として雑誌に初めての論稿を寄稿したのは、『中央公論』の一九七六年五月号だった。七五年に三カ月ほど長期出張したロンドンでの経験を踏まえて書いた「英国病の症状とは?」という論稿であり、私にとっては記念すべき第一歩だった。その後、八〇年五月号に書いた、私なりの団塊の世代論をまとめた「われら戦後世代の『坂の上の雲』」という論稿が、いろいろなメディアの論評に取り上げられた。少し自信をつけ始めた私は、それなりに「モノ書き」としての自分に手応えを感じ始めていた。イラン専門家に会うためにアメリカに渡った八一年は、そんな時期だったのだ。

しかし、「坂の上の雲」を最後に、私は約七年間、ぴたりと論稿を書くことを止めてしまった。ＩＪＰＣと関わることになり苦闘が始まった時期と一致している。一九八七年にニューヨークに赴任するまでの期間、ＩＪＰＣに専念していたのだ。

自分の才能に若干の思い込みを抱き始めていた時期に、突然、五人の中東・イラン専門家と向き合い、イスラエルでの情報の世界に身を置く人々の凄まじい生き方に衝撃を受け、沈黙を余儀なくされたといえる。中東にどっぷりと浸かり、国際情報の世界の恐ろしさを鳥肌が立つほど思い知らされ、とにかくしばらくはモノを書くのはよそうと思っていたのが、イラン革命で幕を開けた私の八〇年代だった。今思えば、私自身のパラダイム転換の時期だったのだ。

第2章 ユダヤとは何か

——イスラエル体験での学び

一九八二年三月、私はスーツケース一つを手に、テルアビブのベン・グリオン空港（旧ロッド空港）に降り立った。未知の国、異次元のゾーンへの第一歩であった。

青い地中海を見つめながら空港に着陸し、入国審査の係員にいきなり「マクヤか」と尋ねられた。私には「マフィアか」と聞こえ、「こんな品のいい顔が何でマフィアに見えるの」と内心ムカッとなったが、後で、日本に「幕屋」という「神の国イスラエルを讃える宗教団体」があり、この頃、日本人というと「マクヤ」だと思い込むイスラエル人が多かったということである。

この空港は、一九七二年五月のロッド空港乱射事件の現場である。一人生き残った岡本公三ら日本赤軍の三人により、二四人の命が奪われた憎むべき事件である。厳重な警備下にある空港に、死を覚悟しわずか三人で乗り込んでいった無謀な銃撃は、アラブ諸国では英雄視され、真偽は定かではないが今日につながる自爆テロの戦術に少なからぬ影響を与えたとも言われている。

ロッド空港乱射事件の直後には、西ドイツのミュンヘンで開催されていた夏季オリンピック大会期間中に、選手村のイスラエル選手団宿舎が「黒い九月」を名乗るパレスチナゲリラに襲撃され、一一人が犠牲になる痛ましい事件も起こった。人質をとって選手村に立てこもった「黒い九月」の要求は、イスラエルなどに収監されているパレスチナ武装組織の活動家らの解放で、リストには岡本も含まれていた。

私が初めてイスラエルに行った頃は、こうした血の記憶が人々の胸に生々しく刻まれていた時代で、イスラエルを往来する航空機は厳戒態勢の下で運航されていた。フランクフルトでエル・アル航空機に乗り換えたのだが、他の航空会社の飛行機は空港ビルの間近に駐機し、乗客はビルと直結したボーディングブリッジから乗り降りしているのに、エル・アル航空の飛行機は空港ビルのはるか彼方の滑走路近くに停機していた。

私たち搭乗客は、厳重な荷物検査とボディチェックを受けたうえで、そこまでてくてく歩いて行ってタラップを上って飛行機に乗り込んだ。しかも、飛行機がベン・グリオン空港の滑走路に着陸したのと同時に機内が拍手に包まれた。私には何のことかわからなかったが、飛行機が無事に着陸したことを祝福してのことだった。イスラエルに行くことは、それほど緊張を伴うことだったのを鮮明に記憶している。

徒手空拳でユダヤの国へ

総合商社というのは世界中に拠点を持っていて、世界中のほとんどどんなところに行っても、空港にたどり着いたら現地の社員やスタッフが出迎えに来てくれる。それが当たり前だった。ところが、前章に書いたとおり、乱射事件や「アラブ友好国宣言」が原因でイスラエルと日本の関係は冷え切っていた当時は、現地に三井物産の拠点はなかった。もちろん、出迎えもなければ、頼れる人さえいない。自分が書いた報告書によって、イスラエルでユダヤ筋の情報にアクセスする手段や手法を探りに来た私は、いわば徒手空拳で敵地に乗り込んで来たかのような気持ちで、しばし空港に佇《たたず》んだ。

徒手空拳と言っても、何の準備もせずイスラエルに乗り込んでいったわけではない。およそ手に入るイスラエル関連の情報や書籍、資料を集め手当たり次第に読んで、長期の出張に備えた。そのときに集めたイスラエル、中東関連の書籍や資料は、その後もどんどん増えていって、今の九段の寺島文庫の一角を占めている。

下調べはしていたものの、どのようにすればイスラエルのユダヤ筋の情報ソースにたどり着くことができるのか見当もつかない。同胞の誰かを頼ろうと周りを見渡しても、日本人と言えば、わずかに秋葉原のダイヤモンド関係（イスラエルは世界有数のダイヤモンドの産出国である）の企業の社員とか、「キブツ社会主義」に共鳴してキブツに参加している人、宗教的情熱に駆られて聖なる国イスラエルに来ている前記の「幕屋」という宗教団体の信者がいる程度であった。

テルアビブ大学シロア研究所

それでも、性根を据えて日本大使館などさまざまなルートを当たっていくうちに、シロア研究所に紹介してくれるという人物と出会った。シロア研究所とはテルアビブ大学の中東問題を専門とするシンクタンクだった。

最初に訪ねたのはイランを専門とするデイビッド・メナシリという若い博士だった。彼との出会いは大きな意味を持ち、この研究者がその後アメリカのコーネル大学、日本の早稲田大学などで教壇に立つのと並走して面談を重ね、今日でも友好を深めている。また、このときシロア研究所の所長だったラビノビッチ博士は、その後イスラエルの国連大使となり、ニューヨークで親交を深めることになった。今日はダヤン研究所（モッシュダヤンセンター）と名前を変えているが、この研究所は私にとって驚愕の体験であった。

シロア研究所のデータベースは驚くほど実践的に整備されていた。例えば、私の関心の的だったホメイニ師については、彼が書いた四冊の著書に加え、若いころから公の場で話した内容、世界の報道機関の彼についての記述など、あらゆる情報がストックされていた。後に訪ねたときには、「三井はなぜイランで失敗したか」という表題の一二七頁にわたる不気味な報告書まで作られていて驚いたことを憶えている。どこからの情報なのか、報告書には三井の上層部の固有名詞までが的確に登場していた。この研究所との出会いが、「情報活動」の意味を実感させ、情報収集に対する認識を一変させた。

シロア研究所にはイスラエルの存続にかかわる人物についてタスクフォースが設置されていた。例えば、当時はPLO（パレスチナ解放機構）のアラファト議長やイランのホメイニ師などである。私にはホメイニ師に関するタスクフォースにオブザーバーとして傍聴する機会が与えられた。驚いたのは、そのタスクフォースが本当の意味で学際的に運営されていたことである。政治、軍事、宗教の専門家に加えて、言語学者や医師、精神分析医までが参加して議論を進めている。

例えば、言語学者はホメイニ師がそれまでに執筆していた四冊の本や論稿を分析し、「この男はこういう論理でものを考えているから、こういう状況に直面したらこういう判断を下す傾向がある」というようなことを、具体的に話していた。別の精神分析医や医師は、本人はおろか親類縁者までの過去の病歴を洗い出し「こういう病気を抱えている人物は、こういう言動に出る傾向がある」というようなことを、具体的に詳しく予想していた。

私がもっともわが耳を疑ったのは、ホメイニ師が先週何を食べたか、という情報までが分析の俎上に載せられていたことだった。鮮明に憶えているが、瓜とヨーグルトだった。モサド（イスラエルの諜報機関）経由の情報であったのだと思う。その情報を多面的、多角的に分析していく気迫は、それまで私が親しんできた日本の情報活動の世界とはまったく違っていた。

ちなみに、ホメイニ師は八六歳まで生きたが、毎日、瓜とヨーグルトばかり食べていたようである。人間はそれだけで健康に生きられるものなのだということを、今も不思議に思い出す。

シロア研究所の専門家たちの情報分析への凄まじい取り組みを目の当たりにして、痛切に感じたのは、イスラエルにとって情報とは、お茶を飲みながら「時にイランは今後どうなりますか」などと悠長に言葉を交わすような、教養を高めるための手段では決してないということだった。彼らは、地中海沿岸を除き敵対国に囲まれ、いつ地中海に蹴落とされるかもしれないという緊張感の中で情報と向き合っている。彼らにとって情報は生きるために不可欠であり、情報の分析は生き抜くための必須条件だったのである。

要するに、教養を高めるための情報と、サバイバルファクターとして死にもの狂いで収集し分析している情報はまったく別物だということに、私は気がついたのだ。そして、物事は単純ではなく、色々な要素の相関の中で、多面的・重層的に考えなくては本質には迫れない、ということを思い知った。

以来、私は情報とは教養を高めるための手段ではなく、問題の解決に向けて多角的に収集するものであるということを、強く心に刻んで生きて行くことになる。かつ、そうして集めた情報を、問題解決に向けて体系化し、「全体知」へと高めていかなくてはいけないのだということを、強く意識するようになった。

そうした経験は、「知的三角測量」と私が呼ぶ情報活動につながっている。世の中にアメリカの専門家、あるいは中東の専門家、アジアの専門家という地域専門家はたくさんいるが、中東とアメリカとアジアを観ながら、その三角形の中で日本の位置と相関させながらモノを考えるという人は少ない。私がメディア等で発言の機会を得られたのも、それぞれに土地勘があり、相関させた見方を意識する人間としての役割を期待されたからだと思っている。

ユダヤ理解への歩み

一九八二年から八五年にかけて五度のイスラエル長期出張を重ね、私はユダヤ筋情報とのチャンネル作りに取り組んだ。シロア研究所や、エルサレムにあるヘブライ大学のトルーマン研究所などを訪ね人脈をつくり、それをきっかけに、イスラエルに限らず、中東情報に関する世界中のさまざまな立場の専門家を訪ね歩くという作業を続けた。

そうした日々の中で、時間をみつけてはイスラエルのさまざまな史跡を訪ね歩き、また、いろいろな人々と話をし、イスラエルとユダヤ民族の理解に努めた。なにせ、会社の関係者は一人もいない異邦の地である。週に二、三度、シロア研究所のメナシリ博士とご飯を食べるくらいで、仕事の予定がないときは時間が十分にあった。イスラエルは全土が歴史の宝庫でもあった。

余談だが、このときいちばん困ったのは食べ物で、当時のイスラエルには日本レストランなどなく、血抜きの肉や酢漬けの魚などのユダヤ食を仕方なく食べていたが、テルアビブの街頭の屋台の店で食べた茹でトウモロコシは、めっぽうおいしかった思い出がある。また、ゴラン高原に行ったとき、やはり出店でシシカバブを食べたとき、こんなに旨いものなのかと感激し、「空腹が最高のごちそうだ」ということを知った。

イスラエルを理解しようと、さまざまな場所を訪ね歩いた私にとって、もっとも衝撃的であり、かつ、私の中東理解の助けとなったのは、中東一神教への気づきだった。今でこそ、9・11やアルカイダ、タリバン、イラク戦争、自爆テロ、ＩＳＩＳ（イスラム国）の跋扈《ばっこ》といった血なまぐさい事件を扉として、イスラムが多くの人の口の端にかかることは珍しくなくなったが、当時の日本人の多くは、外国の宗教と言えばキリスト教だと思って生きていた。私もその一人だった。

もちろん、知識としてイスラム教やユダヤ教が存在することを知ってはいた。だがそれは遠い世界のことで、実感を伴うものではなかった。まして、ユダヤ教、キリスト教、イスラム教の三者に深いつながりがあることも、詳しくは知らなかった。イスラエルを訪れた最初の頃は、エルサレムはキリスト教の聖地だと思っていたし、私が興味を抱いていたのは、キリストの墓がある聖墳墓教会や、十字架を背負ってキリストが歩いたヴィア・ドロローサ（苦難の道）などのキリスト教の史跡だった。

ところが、エルサレムがキリスト教の聖地である、というのは、若き日の私の不十分な知識だった。そのことを教えてくれたのは、運転手兼ガイドとして雇っていたしっかり者のユダヤ人の男だった。

私がイスラエル出張を繰り返していた一九八〇年代前半、外務省・大使館関係者からは、一人では絶対にエルサレムには入るなと言われていた。繰り返されるイスラエル軍のレバノン侵攻で、いつアラブゲリラ（当時は、テロではなくゲリラと呼んでいた）に襲われるか知れないという緊迫感がイスラエル、とくにエルサレムには満ちていた。

だが、ヘブライ大学の専門家との面談もあり、どうしてもエルサレムに行かねばと、運転手兼ガイドに頼んで何度となく、エルサレムを訪問した。ゴルゴダの丘の跡に建つ聖墳墓教会を訪ねたり、キリストが歩いたヴィア・ドロローサを実際に歩いてみて、この急勾配の道を十字架を背負って歩くのは結構つらいな、などと思ってみたりと、私が時間を見つけて訪ねるのは決まってキリスト教の史跡ばかりであった。

ゴルゴダへの道を辿りながら、私は芥川龍之介の『さまよえる猶太人《ユダヤじん》』（『新潮』一九一七年、六月号）という作品を思い出していた。ゴルゴダにひかれていくキリストが、その男ヨセフの家の戸口に立って、暫《しばら》く息を入れようとしたとき、「多くの人々の手前、祭司たちへの忠義ぶりを見せんがため」、ヨセフは、「無情にも罵詈《ばり》を浴びせかけた上で、散々打擲《ちょうちゃく》を加えた」という。キリストは「行けというなら、行かぬでもないが、その代わり、その方はわしの帰るまで、待って居れよ」と言ったという話である。ヨセフは洗礼まで受けて、御主を辱めた罪を悔いるが、世界滅却の日まで、その呪いは解けることはない。それが「さまよえるユダヤ人」なのである。

芥川はこの伝説を紹介しながら「罪を罪とも思わぬものに天の罰は下らない」と語る。罪を知る感受性、つまり不条理で過酷な運命にさらされながらも最後まで愛を語り続け、慫慂《しょうよう》と十字架についたキリストなる存在への後悔と敬慕の念が、キリスト教を生み出す背景になったのだとの思いが心に浮かんだ。一九七五年、ロンドンで初めてみたアンドリュー・ロイド・ウェバーのミュージカル『ジーザス・クライスト・スーパースター』の旋律が繰り返し耳の中に流れていた。

聖墳墓教会は軽い衝撃だった。小さな教会の中が分断統治のようになっていて、カトリック系の各派が、ここはローマ・カトリック、ここはギリシャ正教という具合に、分割して管理されており、人間世界の小さなこだわりが物悲しく感じられた。

エルサレムの聖墳墓教会にて（1982年）

キリスト教の聖地などものともしないユダヤ人の案内人が、立ち入り禁止のロープを無視するように地下深く階段を下りていくと、キリストがそこから復活したというコム（棺桶）が置いてあり、ヒゲと黒装束のギリシャ正教の神父が祈りを捧げていた。突然のわれわれの登場に驚いた表情だったが、私を見つめ、手招きしてコムの中を覗くようにという仕草をした。私が覗き込むと、一瞬何か光が走ったように感じた。わけがわからぬまま私は失礼した。エルサレムという地は、何やら不思議な気が籠もっているように感じ、ときどきあのシーンを思い出す。

そんな私に、運転手兼ガイドのユダヤ人が何度も言った。「あなたは日本人でキリスト教徒でもないというのに、なぜ、ジーザスなどというたわいもない男にばかり興味を持つのか？」

私は、逆に訊ねてみた。「ジーザス・キリストはユダヤ人の価値観からすれば、たわいない男なのかい？」

彼の答えはこうだった。「ジーザスはユダヤ教のラビ（指導者・聖職者）の一人にすぎない。それも、あえて言うなら、ユダヤ教の律法主義に対し異議を唱え、人間の原罪と愛を説いた変人で、世界では有名になっているけど、結局、キリスト教はユダヤ教からすれば分派活動から生まれた新興宗教にすぎない」

驚いたのは私である。ユダヤ人にとっては、イエス・キリストは特別な預言者ではなく、ユダヤ教の分派活動家だというのだ。彼が私を何とかして連れていこうとするのは、キッパーという掌ぐらいの大きさの帽子を頭にのせたユダヤ人が祈りを捧げているエルサレム神殿の西の壁（嘆きの壁）や、シナゴーグ（ユダヤ教の寺院）だった。そして、私はエルサレムがキリスト教だけではなく、ユダヤ教とイスラム教にとっても重要な聖地であることを改めて知ることになるのである。

確かに、エルサレムは世界三大宗教の聖地と言われている。三大宗教とは一般には世界で信者数の多いキリスト教、イスラム教、仏教の三宗教を指すが、「世界三大宗教の聖地エルサレム」という場合には、最後の一つは仏教ではなくユダヤ教である。エルサレムの旧市街には半径わずか五〇〇メートルの中に、ユダヤ教、キリスト教、イスラム教の聖地がひしめき合っている。

ユダヤ教の聖地とされるのは「西の壁（嘆きの壁）」と呼ばれる遺跡だ。ローマ共和制末期から帝政初期の紀元前一世紀に、ユダヤを統治したヘロデ王が建立したエルサレム神殿の外壁で、今でも毎日多くのユダヤ人がここで、聖書を暗唱し祈りを捧げている。キリスト教の聖地は、イエスが磔刑に処せられたゴルゴダの丘に建ち、キリスト（イエス）の墓があるとされる聖墳墓教会だ。四世紀にローマ皇帝コンスタンティヌス一世の命により建立され、その後改築改修が繰り返されている。そして、イスラム教の聖地が金色の輝きを放つ「岩のドーム」だ。六三八年にエルサレムを統治下に収めたイスラム勢力が七世紀末に建立したイスラム寺院である。

この岩のドームこそ、イスラム教徒にとって、宗祖であり預言者たるムハンマド（マホメット）が、天使ガブリエルに誘われ、ここから翼を持つ馬ブラークに乗り、「夜への旅」にでかけ、神の啓示を受けてきた聖地なのである。このムハンマドの夢の中での神秘体験は、ムハンマドがメッカからメディナへの「聖遷」をする苦難の直前のことと言われ、絶対神がムハンマドを天上に招き入れ、イエス・キリストをはじめ先輩の預言者にも会わせて、訓戒を与えたことにより、ムハンマドにとっては己の使命に自己確信を得た重要な機会であった。

ユダヤ教は中東一神教の母胎

ユダヤ教がキリスト教、イスラム教を含む中東一神教の母胎であることが次第にわかってきた。放浪、奴隷、そして捕囚という苦難の歴史を重ねた民族の神が、唯一神ヤハウェへと昇華し、中東一神教の中心に座ったこと。律法（トーラー）を重んじ、旧約聖書の最初の五巻である「創世記」「出エジプト記」「レビ記」「民数記」「申命記」、いわゆる「モーゼ五書」が律法の中核であることなど、ユダヤ教を信じる宗教民族たるユダヤ人とは何かの輪郭が見えてきた。

旧約聖書の多くの部分は預言者モーゼの書であり、やがて救世主（メシア）が現れ人々を救済することを約束している。イエスを旧約聖書が約束した救世主だと信じた人々によって成立したのがキリスト教である。イエスの弟子によって成立したキリスト教は、異教徒にも布教され世界宗教へと発展していく。大雑把に言えば、旧約聖書が約束した救世主を今も待ち望んでいるのがユダヤ教であり、十字架の死から三日後に復活して天に昇ったキリストの再臨を待っているのがキリスト教である。

『ユダヤ教の基本』（寺島勲矢監修、山岡万里子・河合一充訳、ミルトス、二〇一二年）というニューヨークのパーク・アベニュー・シナゴーグのラビを務めたミルトン・スタインバーグが一九四七年に書いた本がある。その中に、紀元前一世紀のユダヤ教律法学者ヒレルという人物が「ユダヤ教のすべてを教えてくれ」という設問に対し「自分自身に害となるようなことを、隣人になすなかれ」と言ったという話が紹介されている。そして、ユダヤ教の本質を突き詰める中で、預言者ミカの言葉「正義を行い、慈しみを愛し、へりくだって神と歩むこと」(ミカ書六・八)に触れている。ユダヤ教というと、律法主義的堅苦しさを感じるが、その教義の本質に違和感を感じるものではない。

そして、七世紀初頭のアラビア半島にこつぜんと登場したムハンマド(マホメット)を開祖として成立したのがイスラム教で、イスラム教ではムハンマドを旧約聖書から連なる最後の預言者としている。イスラム教の唯一神アッラーは、ヤハウェのアラビア語であり、ユダヤ、キリスト教と同じ神である。また、イスラム教の聖典はムハンマドを通じた神の言葉を編纂したコーランだが、旧約聖書も重要な経典とされている。つまり、ユダヤ教もキリスト教もイスラム教も根は一つなのだ。旧約聖書冒頭に描かれている世界観、モーゼが神の啓示を受けて書いたとされる「モーゼ五書」は基盤認識として共有されているのである。だからこそ、近親憎悪とでもいうべき争いが絶えないとも言える。

イスラエルという国で、三大聖地を歩きながら、私は少しずつ、中東一神教への関心を深め始めた。

マサダ・コンプレックスというユダヤ人の深層心理

死海はアラビア半島の北西部に位置する塩湖である。西にイスラエル、東はヨルダンに接する。湖面の海抜はマイナス四一八メートルで、地表上でもっとも低い場所だと言われる。ちなみに、死海=The Dead Sea はアラビア語名に由来する英訳で、イスラエルでは「塩の海」と呼ばれている。

私は「死海のほとり」とか「死海文書」などという言葉に触発されて、その地に興味を抱き、何度となく足を運んだ。その死海の西岸にヘブライ語（ユダヤ民族の言語=イスラエルの公用語）でマサダと呼ばれる砦があった。二〇〇一年に世界遺産に登録された遺跡で、建設されたのは紀元前一二〇年ごろと言われている。帝政ローマ期の紀元後六六年に始まった、ローマ帝国とユダヤ属州（現イスラエル）に居住するユダヤ人との間で争われたユダヤ戦争の要塞跡で、ここで古代のユダヤ人は凄惨な戦いに敗れている。

紀元後一世紀に編纂されたという、紀元前二〇〇年ごろから紀元後七五年までのユダヤ戦史をまとめた『ユダヤ戦記』（フラウィウス・ヨセフス著、新見宏訳、山本書店、一九七五年）によると、ユダヤ人の反乱は六六年から七四年までの八年に及んだ。七〇年にエルサレムは陥落したが、その後もいくつかの要塞に立てこもりローマへの抵抗を続けた。そして、最後の砦となったのがマサダである。約一〇〇〇人の兵士が三年にわたり籠城し抵抗したと言われるが、ついにローマ軍に追い詰められ、全員が餓死か自決し全滅した。そして、このユダヤ戦争やその後のいくつかの反乱を最後に、ユダヤ民族は故国を失い、民族離散の憂き目に遭い、流浪の民となるのである。

「マサダ・コンプレックス」というユダヤ人を理解するうえで重要な言葉があるが、ユダヤ戦争に由来するこの熟語は、ユダヤ人たちの心象風景を見事に描いている。今日でもアラブに取り囲まれて、少しでも油断すればマサダの砦の二の舞になってしまう、死海もしくは地中海に追い落とされて民族全滅というような事態になりかねないという恐怖心を、ユダヤ人はその心根に抱いている。

砦を訪ねたとき、ユダヤ戦争で全員が自決したという場所に、多くのユダヤ人が立ち尽くして涙を流している姿を見た。淡白な日本人からすれば違和感のある光景で、これが彼らの深層心理なのだということは理解した。このことの伝承の中で、民族のアイデンティティを確認し、結束の糧としているのである。

ガザ地区といわれるパレスチナとの紛争地域にも足を踏み入れたが、まだパレスチナ人を封じ込める壁などなかった。だが、この地域に住むパレスチナ人が抱える悲劇を複雑な思いで見た記憶は、今も消えない。流浪の民として虐げられ、苦難の果てに世界から「カナンの地」(パレスチナ)に帰って来たユダヤ人が、今度は先住のパレスチナ人を排除している。歴史の被害者であり、安住の場所を求めて苦しみぬいたはずのユダヤ人が、今度はパレスチナ人の安住の地を奪い、加害者になっているというパラドックス。ガザに行くと、パレスチナ人の呻き声が「人類の悲しい性」として伝わってくる。

地中海と紅海を結ぶスエズ運河の下には地下道が掘ってある。つまり、ユーラシア大陸とアフリカ大陸はトンネルでつながっているのだ。また、公然の秘密とも言えるが、エジプト領のシナイ半島とガザ地区は地下トンネルでつながり、「ガザ地区の命綱」となっているのだ。ガザ地区については、この地下トンネルを巡る攻防が、イスラエルとパレスチナの間で続いてきたといえる。イスラエルのガザ地区への砲撃のニュースに触れるたびに、あのトンネルはどうなっているのかと私は思う。

イスラエル滞在中にはもう一つ、忘れられない体験がある。一九八二年六月のことだった。テルアビブに滞在していた私は、イスラエル軍が隣国レバノンに侵攻したというニュースを耳にして緊張した。灯火管制が敷かれた街は不気味な空気に包まれていた。アラブゲリラにいつ襲われるか知れないという恐怖が脳裏をよぎる。戦後日本に育ち、平和の中を生きてきた世代だから、いきなり戦争状態のような空気に放り込まれてみると、自分には大した度胸がないことを思い知らされた。夜になると、ホテルの従業員から、光が漏れると攻撃目標にされるから海側のカーテンはしっかり閉めてくれと言われた。どうしてこんなところに来てしまったのだろう、と思いつつ、私は中東問題の専門家を訪ね歩く活動を続けていた。

戦争状態に入るときの社会の空気の恐ろしさは、一言でいうと、根も葉もない噂が飛び交うことだ。「イスラエル軍のレバノン侵攻は中東戦争に拡大し、それが引き金になって再び世界大戦になる」というようなことが真しやかにささやかれる。噂はエスカレートし、「ソ連が参戦してくる。イスラエルに核攻撃がなされるかもしれない。早く退去したほうがいい」というような話までが次々と伝わってくるようになった。

それは大変だ、こんなところで原爆を落とされて落命しても、誰にも同情されない。日本大使館からも退去するようにという指示が出て、紛争が一段落するまで国外に退去することになった。そのとき、親しくしていた大使館員のことが気になった。彼は大使館付で諜報活動の仕事をしている人だった。その仕事は例えば、イスラエル南部、紅海の最深部にあるエイラートという港の貨物の動きを調べることだと聞いていた。

エイラートはヘブライ語であり、アラビア語ではアカバと言う。映画『アラビアのロレンス』で、ロレンスが猛烈な勢いでラクダを走らせながら「アカバへ」と叫んでいた、あのアカバ港だ。つまり、イスラエルのエイラートとヨルダンのアカバは隣接しており、ここを動く物流は「ヨルダンを経由するモノがどこからどこへ動いているのか」という意味で、中東情勢を映し出す指標になるという意味である。

レバノン侵攻作戦が起こって国外退去することになった私は、その諜報員とお別れをしてイスラエルを後にした。諜報活動に身を置いている彼には逃げることが許されなかった。三カ月ほど経って、情勢が落ち着いたということで、私は再びテルアビブに戻った。そして、気になっていた彼のことを大使館に問い合わせたら、「精神に異常をきたし、日本に送還された」と言う。

詳しく聞くと、彼はテルアビブとレバノンを結ぶ国道一号線で、砂埃を上げて北上して行くイスラエル軍の重戦車の数をカウントしていた、と言うのだ。ところが、連絡がつかなくなり、探しに行くと、失禁して放心状態になったまま倒れていたという。おそらく、重戦車を見つめるうちに、恐怖心が臨界点に達し、我を失い失禁に至ったのだという。「戦争を知らない子どもたち」とされたわれわれ世代の日本人にとって、言い知れない恐怖体験だったのだと思う。

重戦車が列をなして進軍する光景は、もの凄い迫力だったに違いない。恐怖心のあまり正気を失うのもわかる気がした。日本に帰国後、彼が入院していた病院を訪ねたことがあるが、聞いていたとおり、彼の脱力感は廃人そのものだった。恐ろしいと思った。戦後の日本に育った同じ世代の男が恐怖のあまり心を蝕まれてしまう。そういう状況の中で、イスラエルの、そして中東の人々は生活している。彼らにとってサバイバルは日常と背中合わせにある。イスラエルで出会った情報の専門家たちの真剣な眼差しのわけを、私は改めて実感した。

グローバル・ネットワーク民族ユダヤ

レバノン侵攻後も、私はまたイスラエルに戻り、気を取り直して動き回った。イスラエルだけではなく、世界中の中東情報に関する専門家と言われる人たちを訪ね歩く作業も続けた。前述したようにアラブ筋の情報センターとなっていたニコシア（キプロス）やカイロ、さらに、世界的にも権威を認められていたロンドンの国際戦略研究所、チャタムハウスと呼ばれていた王立国際問題研究所などにも、優秀な専門家がいると聞いては何度となく足を運んだ。

イスラエルという国に行って、次第にわかってきたことは、イスラエルの情報筋は世界中に、とりわけアメリカにネットワークを張っているということだった。交流が深まり問題意識が伝わるようになると、必ず「だったらこういう人を紹介してあげよう」という言葉が返ってきた。紹介してくれるという人の多くはアメリカに在住するユダヤ人だった。

私は体験的にイスラエルとアメリカには深い情報交流ネットワークが張り巡らされていることを知った。かくして、イスラエルで始まった私の中東情報へのアクセスは、アメリカへと舵を切る。

イスラエルでの活動にひと区切りをつけた私は、一九八三年九月、アメリカの首都ワシントンの土を踏んだ。民主党系のシンクタンク「ブルッキングス研究所」に出向して、中東研究に本格的に取り組むのが目的だった。イスラエルでの仕事が認められ、「より体系的に中東を研究する機会にせよ」ということで、ワシントンのシンクタンクの中東班に身を置くことになったのである。

ブルッキングス研究所への出向というと、経済班に所属したと思う人が多いだろうが、私が所属したのはサウジアラビアの専門家ビル・クゥオントを主査とする中東班だった。そこで国務省や国防総省の国家安全保障組織に属する専門家やシンクタンクの研究者たちとの研究に勤しんだ。

テヘラン米国大使館占拠・人質事件以降、アメリカはイランと国交を断絶して情報が不十分だったが、日本はイランとも大使を交換して国交を保ち、三井物産もテヘランに人を置き続けていた。私は日本からやって来たイランの情報を持っている不思議な男として、ワシントンの中東問題の専門家たちの親交を得た。ブルッキングスでの研究は、国際情報に視界を広げる意味で大きな意味を持った。

デュポン・サークル近くの研究所ビルの三階の図書館の隅の小さな部屋を得た私は、ここを拠点に動き回った。隣はポーランドからの若いエコノミストの部屋だった。よく二人でランチを食べながら、冷戦の終焉に向かう時代の東欧圏の実情に目を開かれた。

研究所では、ほぼ毎週金曜日のランチタイムに、カフェで「ブラウンバッグ」と言われていた講演会が行われていた。ブラウンバッグとは、文字どおり茶色の紙袋で、サンドイッチなどの自分のランチを入れて集まり、ブルッキングスを訪れている世界中からの政治家、外交官、経済人、学者などの話を聞くのである。ロシア、東欧や中南米、そしてアジアから来た来訪者の話に大きな刺激を受けた。こうしたことを日本でもやりたいなと感じ、これが九段の寺島文庫のリレー塾などの活動の下地になっているといえる。

ブルッキングス研究所での約一年を過ごしていったん帰国した私は、その後、再びアメリカに渡り、一九八七年五月からの四年間、米国三井物産のニューヨーク本店で情報企画担当課長として勤務し、九一年からの六年間はワシントン事務所長を務めた。そのアメリカ東海岸での一〇年にわたる勤務とその間の私自身の視座のパラダイム転換については、第4章で論及したい。

ユダヤ理解の深化のために

ユダヤへの理解を深めるために、簡略にその歴史を振り返っておこう。〇〇人、〇〇民族と言うとき、一般に重視されるのは血統や居住する地理的位置、国籍などであるが、ユダヤ人と言うとき、その定義に血統や居住地、国籍は関係ない。民族離散後、流浪の民となった後のユダヤ人、ユダヤ民族は「宗教民族」であり、ユダヤ教徒のことを言う。

ユダヤ民族の歴史は古く、旧約聖書によれば民族の始祖とされるアブラハムが現在のイラク南部から部族を引き連れ「カナンの地」（現在のイスラエル、パレスチナ）に移り住み遊牧生活を始めたのが起源とされる。有名なダビデ王に率いられた古代イスラエル王国の繁栄の後、バビロン捕囚、ローマ帝国属州などの歴史の荒波にさらされ、先に触れたユダヤ戦争などの反乱の後、ついに安住の地を失い民族離散を余儀なくされた。以降、ユダヤ人はヨーロッパを中心に世界各国へ移住してディアスポラ（流浪の民）となった。

こうした歴史の中でユダヤ人は移住先で迫害を受けることが多かった。苦難の歴史である。その最たるものが、ナチス政権下のドイツや占領国で繰り広げられ、六〇〇万人のユダヤ人が虐殺された、いわゆるホロコーストである。

パレスチナ（現在のイスラエル、パレスチナ、ヨルダン）は長くオスマン帝国の支配下にあったが、第一次世界大戦後にオスマン帝国は消滅し、国際連盟の主導でイギリスの委任統治領となった。一方、さかのぼって一九世紀末頃から、世界に離散したユダヤ人の間で、「カナン」の地に帰還しようというシオニズム運動が活発となり、パレスチナに流入するユダヤ人が増加していた。ここで、統治国であるイギリスはユダヤ人にも、その時点では先住民だったパレスチナ人にも、当地での国家建設を約束するという二枚舌外交を行い、今日に続く争いの種を蒔いた。

第二次世界大戦後、ナチス・ドイツによるホロコーストの実態が明らかになるにつれ、シオニズム運動の情熱に油が注がれ、ついに一九四八年五月、国連決議の下でイスラエルの独立が宣言された。民族離散から実に一八〇〇年余の歳月を経てのことである。アラブ諸国が反発したのは当然のことで、その後、中東戦争は繰り返され、その火種は今日に至るまで消えることなく燻《くすぶ》り続け、ときに大きな戦火となり燃え盛っている。イギリスの犯した二枚舌の罪は大きいと言わなくてはならない。ちなみに、建国時のイスラエルはキブツ社会主義を掲げて社会主義国家としてスタートしており、最初に承認したのはアメリカとともにソ連だった。

ユダヤ陰謀説の陥穽

概覧したように苦難の歴史を生き抜いてきたユダヤ人は、流浪の民として世界中を動いていたから、その長い年月の間に培ってきた強力なネットワークを持っている。そして、その相関性の中で彼らは動いているのだ。世界に散在する華人・華僑が約六〇〇〇万人と言われているのに対し、イスラエル以外の地に生きるユダヤ人は約一五〇〇万人と見られている。数は四分の一に過ぎないが、世界に対するその影響力は計り知れない。

と言っても、私は「世界はユダヤ人によって操られている」とする、いわゆる「ユダヤ陰謀論」に与《くみ》するつもりは毛頭ない。ユダヤ陰謀論的な見方は、ユダヤ人に関する不確実な知識に基づく誇大妄想である。イスラエルやアメリカでの私の体験から確実に言えることは、もしユダヤ人にある種の脅威、あるいは畏敬の念を抱くとすれば、それは「ユダヤ人が集団的陰謀を巡らせて世界支配を試みている」という妄想が生み出す文脈ではなく、「ユダヤ的思想や思考がいつの間にか、われわれの価値観、ものの見方や考え方を突き動かしている」という状況に対してである。

陰謀説に決定的に欠けているのは、ユダヤ人の民族性への正しい理解である。ユダヤ人の多くは誇り高き個人主義者であり、他者との陰謀、とりわけ集団的コンスピラシー（陰謀）に簡単に参加するほど単純な人々ではない。「朝寝、昼酒、幼稚な会話、そして愚か者の集いに連なること、これが身を滅ぼす」というユダヤの格言があるくらいである。陰謀などという「愚か者の集い」に加担していたら、この民族はとっくに滅びていたに違いない。

彼らは集団で謀を企てるような単純な存在ではなく、私が出会ったユダヤ人たちは、むしろ「屹立《きつりつ》している」とでも言いたくなるほど、したたかな己を持っていた。

彼らはよく「MENSCH（メンチ）」という言葉を口にする。イディッシュ語で「信頼に値する一廉《ひとかど》の人物」を意味するのだが、彼らが誰かを「一廉の人物」と判断するとき、決して肩書には左右されない。人間として真剣に議論をするのに値する人物、明確な自己・技能・見識をもっている人物を「メンチ」と呼んで敬愛するのである。コメディアンのジャッキー・メイソンのしたたかな毒舌や、映画人のウッディ・アレンの自己の感性への執拗なこだわりを思い起こせば、理解の助けとなろう。

したがって、ユダヤ人のネットワークというのも、こういった「メンチ」を敬愛する強力な個人を基盤として成立する大人の契約と考えるべきなのである。

五人の偉人という話に込められた自尊心

では、ユダヤネットワークはいま世界にどのような影響をもたらしているのか。私がアメリカで体験して知ったことを記述しておきたい。

ニューヨークに赴いたころ知り合った友人から聞かされたジョークがある。ユダヤ人の間では有名な話なのだが、それは、ユダヤ人がいかに世界を動かしてきたかを端的に表現し、笑いに包み込んで彼らの自信と矜持を示した話だった。それは次のような話だ。

人類史に大きな影響を与えた五人の偉人が、天国で議論に及んだ。彼らは皆ユダヤ人である。テーマは「人間の行動を本質的に規定するものは何か」であった。

最初に口を開いたのはモーゼである。エジプトの奴隷だったイスラエルの民を導き、出エジプトを果たしたのち、神から十戒（律法）を授かったとされる彼は「人間が人間であるための要素、それは理性である」と言った。すると、イエス・キリストがハートを指しながら優しく反論した。「いや、それは愛です」。二人の議論を聞いていたマルクスが真剣な面持ちで口を挟む。「とんでもない。すべては胃袋、つまり経済が決定する」と。そこに、「もっと本音で議論すべきだ」と言ってフロイトが割って入った。「結局は、性、セックスなのだ」。四人が「理性だ」「愛だ」「胃袋だ」「セックスだ」と侃々諤々《かんかんがくがく》の議論をしているところに、アインシュタインがやって来た。そして、舌をぺろりと出してから言った。「いやいや皆さん、すべては相対的なのです」――。

誰もが知る五人の偉人だが、彼らがすべてユダヤ人だと気がついたときには、唖然とした。しかし、考えてみれば、世界を動かしてきた、そして現在も動かしているユダヤ人を数え挙げれば枚挙に暇《いとま》がない。わかりやすい例を出せば、ノーベル賞受賞者の少なくとも二〇％はユダヤ人と言われている。世界人口に占めるユダヤ人の割合はわずか〇・二％に満たないとされているのだから驚くべき数字である。

なぜ、これほどまでにユダヤ人が、と考えるとき、ふと浮かぶのが「汝いずこより来たりて、いずこに向かう者ぞ」というユダヤ教の経典の言葉だ。英単語では最初の一文字を大文字にしてディアスポラ（Diaspora）と呼ばれる流浪の民は、長い迫害の歴史の中で、常に歴史の目的や人間の本質を問い続けたに違いない。それが特異な構造認識の力をもたらしたのではないか。そんな想像をするのである。

ユダヤ系アメリカ人の影響力

世界の政治経済の中心にあるアメリカでもユダヤ人は大きな影響力を持っている。今でもワシントンにおける最大のロビイング集団はＡＩＰＡＣ（米イスラエル公共問題委員会）というユダヤ人系団体である。全米の人口の二％に過ぎないユダヤ人がメディアや金融に多大な影響力を持ち、その影響力が現実にアメリカの政治や経済を動かしている。もちろん、アメリカがユダヤに支配された国であると吹聴するのは誇張である。むしろ、少数派でありながら特殊な存在感を持っているところにポイントがある。

ユダヤ系アメリカ人の人口は約六〇〇万人、人口に占める割合は二％と言われるが、そのうち四〇％以上が北東部地域に集中しており、特にニューヨーク州にその六〇％近くが住んでいる。ニューヨークは「ジュー（Jew）ヨーク」と呼ばれるほどで、ユダヤ人は州の人口の九％を占める。

アメリカのユダヤ人の特徴の一つは、高学歴志向であることだ。大学卒業者の比率は他の白人の三倍、ハーバード大学、イェール大学などアイビーリーグと呼ばれる東部の名門大学群の学生の二〇％以上、ハーバードに至っては教授の半分以上がユダヤ人だと言われている。コーネル大学はキャンパスにシナゴーグもある。

当然、高学歴と相関するが、ユダヤ人の多くは特定の産業分野、とくに付加価値の高い知識集約型の産業に従事しており、その分野で大きな影響力を持っている。ウォールストリートの金融、情報エレクトロニクス、医学・薬学などの先端技術、テレビ・新聞などのジャーナリズム、ＩＴ産業、映画、ファッションなどの分野でユダヤ人の存在感は重い。私の記憶では、ニューヨークを歩き回って出会った人物の中で、気の利いたことを話す人はおおむねユダヤ人だった。

ワシントンでの最強のロビー団体がＡＩＰＡＣであることは先に触れたとおりだが、そればかりか、連邦議会の上院下院にはユダヤ系の議員も多く、民主党の選挙資金の半分、共和党のそれの三割以上が、ユダヤ系の企業・個人によって支えられていると言われる。少数民族であるにもかかわらず、ユダヤ人はアメリカの政治に強い影響力を持っているのである。

メディアを通じて知らぬ間に沁み付く「ユダヤ的価値観」

アメリカ社会を動かしているのは、ユダヤ系団体のロビー活動や、付加価値の高い産業分野に根を張るユダヤ人たちによる直接的な影響力だけではない。アメリカにいた頃、直行便でテルアビブとニューヨークを行き来したことが何度かあったが、そのとき、『ニューヨーク・タイムズ』と『エルサレム・ポスト』は姉妹紙だということに気づいた。機内で手にした『エルサレム・ポスト』の日曜版の付録が、アメリカでいつも見ていたそれと同じものだったからだ。

わかりやすく言えば、『ニューヨーク・タイムズ』を読み続けていると、それとは知らずにいつの間にかユダヤ的世界観を身につけていく。誇大妄想でもなんでもなく、そのような構図になっているのである。

このように、アメリカ、とくに東海岸にはユダヤネットワークが埋め込まれている。ただし、ユダヤネットワークはイスラエルの利害と百パーセントリンクしていると、早合点してはならない。

例えば、ユダヤ系のアメリカ人には比較的イスラエル労働党の支持者が多く、パレスチナ問題でも、和平に積極的な考えの持ち主が多い。ネタニエフ率いる保守系のリクード政権には批判的な人が多いということであり、一枚岩ではない。ところが、イスラエル存亡の危機という状況になると、労働党対リグートといった類の違いを超えて、結束してイスラエルを支援する。そういった傾向を今まで繰り返している。

ジョージ・ソロスとウクライナ体験

話が時系列から少し飛び出すことになるが、私は、二〇〇三年からの四年間、経団連のウクライナ研究会の委員長を引き受けていた。その間、「オレンジ革命」前後のウクライナを何度か訪問し、ティモシェンコ首相をはじめとして、政財界のキーパーソンと語り合った。そのとき、ユダヤネットワークの力を垣間見た。ユダヤネットワークを視界に入れる一例として、ウクライナでの体験に触れておきたい。

話は「ヘッジファンドの帝王」たるジョージ・ソロスから始めなければならない。米国籍の一人のハンガリー系ユダヤ人で、ウォールストリートの主役の一人として九〇年代から君臨するソロスである。

「ソロスが動いた」――。前世紀末から今世紀初頭の二〇年以上にわたり、国際情勢で不可解な事態が進行したとき、「国際情報」の世界に身を置いていた私は、この言葉が何度となくささやかれるのを耳にした。欧州、アジア、ロシアでの金融危機のみならず、天安門事件、ソ連・社会主義東欧の崩壊から金相場の変動まで、何かと言えばソロスの影がささやかれた。

「国際社会は陰謀で動いている」とする「陰謀史観」を持つ人々にとっては、かつてのKGBやCIAがそうであったように、ソロスはわけのわからない事態を説明するのに極めて都合のいい存在だったのである。状況が混迷すると思考回路の単純化が進行する。いかなる不幸も「国際テロ組織アルカイダ」か「国際ユダヤ資本ジョージ・ソロス」の謀と言っておけば説明がついたような錯覚に陥る。恐ろしいことである。

実際、現代社会を論じるうえで、ソロスほど議論の対象となってきた人物はいない。実に興味深い存在である。何より、彼が背負ってきた歴史の重さには言葉を失う。一九三〇年、ハンガリーのブダペストで生を受け、ナチス・ドイツの迫害を生き延びた彼は、戦後は共産主義の圧政から逃れイギリスで学んだ後、五六年にアメリカに移住する。そして、金融界の巨頭にのし上がったのである。

一方で、ソロスは哲学者や慈善活動家の顔も持つ、実に多様な表情を持った人物でもある。ロンドン留学時代には『開かれた社会とその敵』(邦訳未來社)という本で有名な哲学者カール・ポパーの門下で学び、その「開かれた社会」という概念に強い影響を受けた。民主化され開放された社会を目指す活動を支援し続けたソロスは、ポパー理念の実践者とも言える。ソロスが

「世界を開かれた社会とするために」という主旨で行ってきた寄付の総額は一〇〇億ドルを超えるという。文字どおり「世界一の慈善活動家」なのである。

9・11以降のアメリカがブッシュ政権の下、自国利害中心主義へと暴走を始めたときには、アメリカ自身が「真に自由で開かれた社会」にとって脅威となりつつある現実に衝撃を受け、ブッシュ政権に「宣戦布告」した。一九九〇年代後半から、グローバリゼーションが進行する中で福祉が解体されていくことに心を痛めていたソロスは、市場原理主義を制御する新たな世界経済システムについて、独自の構造を提示していた。そして、市場原理主義の過剰と、ブッシュ政権の単独覇権主義への傾斜に相関があることに気づき、国際責任を自覚する方向へのアメリカ政治の変革を目指したのであった。

私が最初にソロスの名を耳にしたのは、一九八六年にソロスが中国に対して「中国改革開放基金」として年間一〇〇万ドルの寄付を約束したという報道だった。この基金は、後に中国共産党の保守派が趙紫陽首相を攻撃する材料となり、八九年の「天安門事件」の導火線となったと言われる。

私は一九九〇年代に二度、今世紀に入って一度の計三度、ソロスと面会したことがある。最初はニューヨーク時代の九〇年七月だった。ソ連崩壊の前年であり、情報と資金を提供することで「東側」と言われていた世界の改革開放に関わっていたソロスに興味があった。二度目はワシントンから帰国直後の九七年七月。その時点でソロスは「国際金融市場の発展にそれを制御する国際機関の発展が追いついていない」という問題意識に言及していた。

正直なところ、二度目の面会当時の私はソロスの実像について疑問を拭えないでいた。投資家であり、哲学者であり、慈善活動家である人間などうさんくさいと思っていたのだ。自身が「グローバル資本主義」の推進者でありながら、その「欠落と危険」を指摘するソロスの姿勢に疑問を抱いていた。しかし、9・11以降のソロスの活動に、疑問は払拭される思いがした。彼が時代の不条理と真剣に格闘していることは間違いない。

三度目の面会は二〇〇四年初夏のことだった。ダイヤモンド社からソロスの著書『ブッシュへの宣戦布告——アメリカ単独覇権主義の危険な過ち』（二〇〇四年）が翻訳出版されることになり、その監修を引き受けたのが縁だった。そのとき、「来月、ウクライナに行くんです」と話すと、「それならいい男を紹介しよう」と一人のウクライナ人を紹介してくれた。

一カ月後、ウクライナを訪れた私は、ソロスの、そしてユダヤネットワークの力を垣間見ることになる。二〇一四年のウクライナ危機を経て、この国がユーラシア地政学の要衝であるという理解は多くの人に共有されているが、経団連のウクライナ研究会の委員長としてウクライナ訪問を繰り返すうち、次第にこの国の将来が「欧州とロシアの綱引き」にとって重要な意味を持つことを知った。

ウクライナは歴史的に、ポーランドに併合されていた時代、ロシアに併合されていた時代を経ており、常に欧州とロシアの綱引きに振り回されてきた。ソ連崩壊後、強い独立志向を示した背景にはそうした事情がある。今日においても、ウクライナは欧州への帰属意識が強いものの、一方ではエネルギー供給の七割をロシアに依存するなど、現実の経済基盤においてロシアとの関係を引きずっており、そこにウクライナの苦悩がある。

地図を見れば明らかなように、黒海に面した港オデッサは、ロシアにとって南への出入り口である。黒海はイスタンブールにあるボスポラス海峡を経て地中海につながる。つまり、オデッサはロシアと欧州を結ぶ港なのである。西の出入り口であったバルト三国がソ連崩壊後に独立し、ＥＵ加盟国となった現在、ロシアにとってこの国の戦略的重要性は相対的に大きくなった。欧州側も事情は同じで、親露派が政権に就くか否かによって、ユーラシアの地政学が決まるとさえ言えるほど、ウクライナは重要な存在なのである。

ウクライナが重要であるのは軍事・交通の要衝であるからだけではない。経済産業的にも潜在力を持った国でもある。帝政ロシア時代から鉄鋼業や造船業の基点として発展し、ソ連時代も一大工業地帯であったウクライナには、今日も集積された製造業の基盤がある。また、宇宙開発から原子力技術までソ連時代の繁栄を科学技術面で支えた柱の一つはウクライナである。チェルノブイリがウクライナにあったのは偶然ではない。キエフ工科大学に代表される技術力、研究開発力の蓄積は今日も国際的に高水準にある。さらに、世界のエネルギー戦略上の要衝としても、地政学上重要である。ロシア、中央アジアから欧州に向かう石油・ガスパイプラインの中継地であるからだ。

ウクライナについて考えるとき、忘れてはならない要素が、この章の主題であるユダヤだ。私は世界を動き回り、初めての空港に降り立ったときには必ず、その空港を行き交うフライトが世界のどの空港とつながっているのかを確認してきた。フライトの動きを見れば、自ずと二国間や二都市間の親密度が浮かび上がるからだ。

ウクライナを訪れていたとき、ウクライナの空港で驚いたのは、テルアビブ便が多いことだった。到着ロビーのフライトボードは連日二便が往復していることを示していた。なぜ、それほど多くの便が行き来しているか不思議だったが、すぐに疑問は氷解した。つまり、こういうことだ。ソ連崩壊以降、約一〇〇万人以上のユダヤ人がイスラエルに帰還したことは知っていた。だが、その大半はロシアではなく、ウクライナからのユダヤ人だったのだ。一〇〇万人近いウクライナ系ユダヤ人がイスラエルに帰還し、ソ連崩壊後のウクライナとイスラエルをつないでいるのである。イスラエルに行くと、ウクライナから帰った理科系の高学歴の人に出会うことが多いのは、経験的に知っていた。ウクライナに行ってその理由を知り、目から鱗が落ちる思いだった。

一九六七年の初演以来、森繁久彌、上條恒彦、西田敏行、市村正親へと主役のテヴィエ役が引き継がれ、現在も断続的に上演が続けられているわが国ミュージカル史上最長のロングラン作品『屋根の上のバイオリン弾き』をご存じの方は多いだろう。帝政ロシア時代に、迫害によって家族の幸せを踏みにじられたユダヤ人一家の姿から、ユダヤ人の不屈の魂を描いた物語である。その感動的な舞台は知っていても、物語の舞台がどこかを認識している人は多くはあるまい。日本人に馴染みの深いあのミュージカルの舞台は実はウクライナである。ウクライナには、帝政時代から多くのユダヤ人が住んでいたのである。

本題に入ろう。私がウクライナ訪問を重ねていた時期に、「オレンジ革命」が起こった。二〇〇四年一一月の大統領選挙に不正があったとして、落選とされた野党候補の支持者らが立ち上がった抗議行動を端緒として、ゼネストから大規模な政治集会に発展し、再投票、野党候補ユーシェンコの勝利に至った民主革命である。与党候補のヤヌコーヴィチはロシアに近く、新大統領となるユーシェンコはヨーロッパへの帰属を訴えていた。再投票の実現には、欧州とアメリカの後押しがあり、野党支持者がオレンジの旗を振り、スカーフを身につけていたことから「オレンジ革命」と呼ばれることになった。

新政権の発足後、私はティモシェンコ新首相と面会した。当時の天江喜七郎駐ウクライナ特命全権大使の配慮でもあった。「美しすぎる政治家」として話題を集めた女性宰相である。

そのとき、私はわが目を疑った。彼女が美しすぎたからではない。驚いたことに、ソロスから紹介された人物が、側近として新首相の隣に座っていたからである。ハンガリー系ユダヤ人で、東欧系のユダヤネットワークにいるジョージ・ソロスがオレンジ革命を後ろで支援していたことを、私は瞬時に理解した。その男は、ソロスの「代理人」として、当時のウクライナ新政府の中で重要な役割を果たしていたのである。

アメリカには約一〇〇万人のウクライナ系ユダヤ人が存在すると言われている。オレンジ革命当時、ウクライナの戦略的重要性を認識し、もっとも積極的な支援をしていた国はアメリカであり、その経済援助額は年平均二億ドルに上っていた。アメリカ政府による支援のみならず、アメリカ企業もウクライナ支援に積極的に動いており、海外からの国別直接投資の第一位は米国からの投資だった。その背後に、ユダヤネットワークの影響があったことは間違いない。前世紀末の東欧の民主化やソ連崩壊、そしてオレンジ革命に至る歴史の激動の背景には、ユダヤネットワークの支援が微妙に絡んでいたのである。

再び余談となるが、ウクライナと日本には浅からぬ因縁がある。一九一七年のロシア革命以後、日本には少なからぬウクライナ人が亡命し、二世の世代には日本社会に溶け込み活躍した人々が少なくない。

最近ではほとんど聞かなくなったが、私の北海道の少年期では「白系ロシア」という言葉をよく耳にした。色白のロシア人という意味と間違って認識していた子どもが多かったように思うが、もちろん違う。白系ロシア人とは、赤をシンボルカラーとした共産革命勢力との戦いに敗れて国外に亡命した帝政ロシア人のことである。その一部には、シベリアから当時日本領だった樺太に逃れ、その後、北海道や本州に渡り白系ロシア人として暮らした人々がいた。

白系ロシア人で戦前の日本で有名だったのが、プロ野球・読売ジャイアンツのエース、ヴィクトル・スタルヒン投手であり、戦後の経済成長期に人気を独占したのが、大相撲の大横綱、大鵬である。スタルヒンの父は帝政ロシアの将校で、革命軍に追われ、ウラル山脈からシベリアを横断し、日本の配下にあった満州・ハルビンに逃げ延びた後、日本に亡命し北海道の旭川に移り住んだ。スタルヒンの名は、今もその銅像とともに旭川の野球場に刻まれている。

大鵬の父もまた、帝政ロシアのコサック隊将校であった。亡命先の樺太で、大鵬は日本人母との間に誕生した。史上最年少で横綱の地位に上り詰めた大鵬は、抜群の強さに加え、白い肌と甘いマスクも相まって絶大な人気を誇った。

スタルヒンと大鵬が白系ロシアの系譜にあることは当時ほとんどの人が知るところだったが、この二人が実はいずれもウクライナ人であったことは、あまり知られていない。とくに、大鵬はウクライナでも英雄であり、東京のウクライナ大使館には大鵬の等身大の肖像画が飾られている。実は現在、極東ロシアといわれる地域に「約六〇〇万人のロシア人が住む」といわれるが、その半分は先祖がウクライナ出身という人たちである。

前述のロシア革命期、さらにはヒトラーがソ連に攻め込んだ第二次世界大戦期、常に独立志向の強かったウクライナはモスクワへの反抗を試み、その度に「シベリア送り」となる人たちが増え続けた。その結果、ウクライナ出身者が極東ロシアに蓄積された。日本海を挟む極東ロシアにウクライナ出身者が多いということは、ウラジオストクを訪れると知る事実である。

ユダヤ的思想なるもの

先に私は「ユダヤ的思想や思考がいつの間にか、われわれの価値観、ものの見方や考え方を突き動かしている」ということを書いた。ユダヤネットワークが世界を動かしているとすれば、巷間、わけ知り顔でささやかれる誇大妄想的なユダヤ陰謀説などではなく、ユダヤ的思想がわれわれの価値観を規定していることにこそ、その本質があると。

私の現在に至るユダヤ体験を、時代を追って記述してきたこの章の総括として、その思想の本質について、私見を述べてみたい。キーワードは「国際主義」と「高付加価値主義」である。

ユダヤ国際主義

グローバリズム（汎地球主義）は、今では猫も杓子もお題目のように唱えるようになった言葉である。日本では、ベルリンの壁が崩壊し、ソ連が消滅した一九九〇年代に入った頃から、盛んに使われるようになった。今では、いつの間にかそれを誰もが正しいことであると思うようになったこの思想の起源は、実はユダヤ的思想である国際主義の中に見ることができる。

まずは、ユダヤ人が背負ってきた離散と流浪の歴史にもう一度、思いを馳せてみたい。紀元一世紀のユダヤ戦争でのエルサレム陥落後、多くのユダヤ人は中東世界の外への離散を余儀なくされ、マサダにおいてはローマ帝国に戦いを挑んだ人々は悲劇的最期を迎えた。ローマ帝国からユダヤという地名は奪われ、故国のあった土地は、敵対していたペリシテ人に因《ちな》んでパレスチナと呼ばれるようになった。彼らは国家を喪失し、世界を流浪してきた民なのである。

国際主義は国家主義の対義語と言えるものだが、ユダヤ人と、例えばわれわれ日本人では、国境の壁に対する認識がまったく違う。列島を取り巻く海によって自然と国土が確保されている日本人の場合、「われらが国家はいずこに」などと疑問を抱く人はまずいない。国家とは、わずかな例外を除けば、大半の人々にとって与件であり、人々の国家への帰属意識は強い。

他方、国家を喪失し国境を越えて渡り歩いてきたユダヤ人にとって、国家とは常に、保護者であるよりも迫害者であったり、越えなければならない壁であった。そのため、彼らの心の中には、いま生活を営んでいる場所は「仮の宿」に過ぎないという意識が強く働いている。流れ着いた先がフランスであろうがロシアであろうがアメリカであろうが、「いつかは乳と蜜の流れる約束の地カナンへ帰る」という思いを抱きながら生活しているのである。したがって、イスラエルに住む人は別として、ユダヤ人にはいま住んでいる国家への帰属意識はほとんどないと言っていい。もちろん、アメリカに住めばアメリカに対する愛国心は共有するだろう。だが「自分はアメリカ国民である前にユダヤ人だ」という意識が働くのである。

国家という枠組みよりも、国境を越えた価値を重視する視点——。これを私は「ユダヤグローバリズム」あるいは「ユダヤ国際主義」と呼んでいる。そして、それこそが、現代の世界に広く流布している国際主義やグローバリズムが起源とする概念であると思う。

それを示唆する事実は枚挙に暇がない。例えば、国民国家が成立した近代世界において、国境を越える価値のコンセプトを提出した人々を思い浮かべてみよう。「万国の労働者よ、団結せよ」と訴え、共産主義思想で国際連帯・階級連帯を説いたマルクスは、先の「五人の偉人」の項のジョークで触れたとおりユダヤ人である。国際連盟も国際連合も、ユダヤ人の思想家・資本家によって創造・推進されたことは歴史が証明している。国際関係誌『フォーリン・アフェアーズ』を出版するアメリカの外交問題評議会（ＣＦＲ）という世界有数のシンクタンクもまた、多くのユダヤ人出資者や研究者に支えられてきた。多国籍企業の経営者にユダヤ人が多いのも周知の事実だ。「ウクライナ」に関する項で紹介したジョージ・ソロスが、国境を越えた金融市場で頭角を現すと同時に、ポーランドの「連帯」をはじめとする世界のさまざまな民主化運動・自由主義的運動に莫大な資金援助を続けてきたことも、その文脈で考えると腑に落ちるのである。

二一世紀に生きる人間として、今や国際主義やグローバリズムに立つことは、理念ではなく、不可逆な潮流と認識されがちである。近年、行き過ぎたグローバリズムが国家主義への回帰を招いているとはいえ、国際主義的価値観を持たなければならないという思想は広く世界を覆っている。その潮流の源には国境を相対化させるユダヤ的な価値観・世界観がある。その意味で世界はユダヤ的思想に大きな影響を受けているのである。

高付加価値主義

世界に影響を及ぼしたユダヤ的思想を考えるとき、もう一つ見逃せないのは「高付加価値主義」である。

ニューヨーク時代の一九八七年に知り合い、今も親交を深めているユダヤ人の友人にドン・スペクターという男がいる。一四歳でコーネル大学に入学したという天才なのだが、彼と議論していると、彼の意見や主張の底には「人間の創造力」のみを評価する価値観のようなものがあることを感じる。

例えば、彼は親譲りの財産があって、それを基盤に成功を収めているだけの人を、そこまで言うのかというほど軽蔑する。彼が尊敬し、語り合うべき友や同僚と認めるのは、自分の才能で付加価値を生み出すような人物である。これは、私が「高付加価値主義」と呼んでいる価値観である。換言すれば「無から有を生み出すことに最大の価値を見出す視点」ということができるだろう。

「孟母三遷」と言い、孟子の母親はより良い教育環境を求めて何度も居を替えたと言われるが、ことわが子の教育にかける熱意では、ユダヤ人の母親は孟母に優るとも劣らない。自分たちの生活がどれほど苦しくても、どんな逆境にあろうとも、教育だけには心血を注ぐのである。能力と才覚で生き延びる基盤を植え付けるためである。

流浪の民であるユダヤ人には、その土地で採れる資源やモノによって豊かさを確保しようという発想はない。いつ住んでいる町や国から追い出されるかわからない状況の中で生きてきた彼らにとって、頼れるのはどんな状況でも生き延びていける力だった。どこに流れ着いても活用できる目には見えない価値、すなわち技術や情報を習得することで身を立てようとするのがユダヤ人なのである。頭一つで「無から有を生み出し」勝負しようということだ。日本の母親は教育ママだと言われるが、ユダヤ人のそれと比較すれば、ママゴトのようなものだ。

だからこそ、科学技術や芸術をはじめ、金融の世界でも医学、法律の分野でも、ユダヤ人は世界に大きな地歩を固めてきたのである。アメリカのユダヤ人に高学歴者が多いことは、すでに触れたとおりだが、高学歴者は一般的に、科学技術、金融、ジャーナリズム、映画、ファッション、医師、弁護士など、知識集約型の仕事に就く。それらはいずれも付加価値を生み出す仕事である。その結果、マイノリティであるにもかかわらず、ユダヤ系アメリカ人がアメリカの政治経済社会に大きな影響力を持っていることになるのだ。

ユダヤ人と教育を考えるとき、忘れられないもう一人の男がいる。初めてイスラエルを訪れたときに知り合ったゼーヴ・シフである。彼は当時、イスラエルの軍事専門誌『ハアレツ』の編集者で、ジャーナリズムの世界では名の知られた人だった。

イスラエルで知り合いも少なく、まだ右も左もわからない頃に親しくしてくれ、何度となく食事をともにするうち、身の上話を聞く機会があった。彼はソ連（ロシア）で育ったという。家は裕福ではなく、成績優秀でありながら大学進学はあきらめていた。すると、高校の先生が「君なら特待生になって奨学金をもらえる。申請するから大学に進学してはどうか」と助け舟を出してくれた。喜び勇んで帰宅して報告すると、父親は喜ぶどころか烈火のごとく怒り、意外なことを言った。「国の厄介になってまで大学になど行くな」

彼はがっかりした。しかし数日後、驚くような出来事が起こる。「カネは俺が工面してきた。このカネで大学に行け」と、父親が手に握りしめた札束を差し出してくれたのである。彼の父は、一張羅《いっちょうら》の毛皮の外套を売ってカネを工面したのだという。その年、ロシアの極寒の冬がやって来ても、父親は一言も寒いと言わなかったという。彼はその姿を見て、真面目に勉強に励むことを自らに誓った。

その後、一家でイスラエルへの帰還を果たし、軍事専門誌の編集者にまで上り詰めた彼の身の上話に、私は心底感動した。と同時に「ユダヤ人が優秀である」と言われていることが、腑に落ちた。これがユダヤの教育なのだと思った。「親の背中を見て育つ」という言葉があるが、厳寒の中、一言も寒いと言わなかった父親の背中が、彼の人生を作った。どんな逆境にあっても、国家というものに頼らず、耐え抜いてきた民族の強さは、彼の家族のような、具体的な一人ひとりの中に息づいている。そして、世界のどこにいても、逆境を乗り越える力となるのは、知性であり知恵であり教育であるという考え方を、ユダヤ人は持っていることを実感し、強い印象を受けた。

ところで、日本人の価値観を考察してみると、長い農耕文化の影響もあり、かつては農本主義者のような考えが主流だった。つまり、自分の食べ物は自分でつくることが大切だという考え方だ。それを基本に、日本では農業や製造業などの「ものづくり」が敬われ、それを分配したり販売したりする仕事は虚業とされ、尊敬されなかった。古い価値観で身分制度を敷き、金融やファッション、ジャーナリズム、芸能などは虚業と見なされていた時代もあった。

しかし、現在では事情は様変わりしている。バブル期の日本人はブランド品やアート作品を買い漁った。デフレと言われつづける現在に至っても、ブランド志向は強く、キャラクター商品やビンテージが人気の的である。「付加価値」が評価されているのが見て取れる。若者にもてはやされるのは、地道に働く人ではなく、芸能人、お笑いタレント、IT起業家、そしてFP（ファイナンシャル・プランナー）など横文字職業だ。いずれも、目に見えない財たる「付加価値」で生きる職業である。われわれの社会もまた、知らず知らずのうちに、ユダヤ人の価値観に近づきつつあるといえる。

ユダヤ的価値を生み出したもの

ユダヤ人は国家を喪失し、離散と流浪を余儀なくされる中で、「国際主義」という視点を獲得し、「高付加価値主義」という価値にこだわることで生き延びてきた。だが、そもそも、一八〇〇年以上も前に国土を失って離散したにもかかわらず、ユダヤ人が、移住先の国や土地に同化せず、民族意識を持ち続けることができたのはなぜなのか。不思議なことである。

海外に移住した日本人は、二世、三世の代になると日本人としての自己意識を失っていくのが普通である。アメリカの日系三世、四世ともなると、日本人の名残りを思わせるのは苗字と容貌だけで、中身は完全なアメリカ人である。ところが、ユダヤ人は違う。彼らは世界のどこで暮らそうがユダヤ人であることを忘れない。

私は、ユダヤ人が民族意識を持ち続けることができた秘密の一つは、安息日にあると思う。ユダヤ教では金曜日の日没から土曜日の日没までをシャバット（安息日）として、働くことを禁じている。この日は家族が揃って食事をし、シナゴーグに行って、ラビ（ユダヤ教の聖職者であり教師）から聖書や律法はもちろん、その地域社会のさまざまな問題や世界情勢などについて学び、知的訓練の時間を持つ。そして、ユダヤ人の経てきた離散と流浪の悲劇の歴史を繰り返し、言い聞かされ、その伝承は親から子へ、子から孫へと受け継がれてきた。ユダヤ人が「記憶の民」と呼ばれるゆえんである。このような形で彼らの民族意識は歴史の荒波を越えて、保持されてきたのである。歴史の奇跡でもある。

第3章

イスラムとは何か

――中東体験の総括

遣欧使節団の一行（1864年）国立国会図書館蔵

二枚の写真がある。一枚は一八六四年のエジプトのスフィンクス。写っているのは、幕府の遣欧使節団の一行である。もう一枚は一二〇年後の一九八四年の同じ場所。背景にスフィンクスは写っていないが、目と鼻の先。笑顔を見せているのは、カイロでの中東店長会議に参加した三井物産の面々で、その中にＩＪＰＣプロジェクトの情報活動をしていた時代の私の姿もある（最前列、向かって左から二人目）。二枚の写真を並べてみると、感慨を禁じえない。

一八六四年の写真の左から五人目、陣笠を被り横向きで立っている若者は、三井物産の初代社長、益田孝である。このとき弱冠一六歳。益田はなぜ遣欧使節団の一行の中にいたのか。

三井物産・中東店長会議の参加者（1984年）

益田は幕末の一八四八年に佐渡で生を受けた。ペリー来航の五年前のことだった。父益田鷹之助は佐渡奉行所の役人で、幼名徳之進はその長男であった。鷹之助は能吏で、地役人の子は地役人と決まっていた江戸時代にしては異例の抜擢で幕臣に取り立てられる。佐渡を後に、開港地に決まっていた箱館（函館）奉行所に奉職し、さらに江戸に転勤し外国方に勤めた。幕末という時代を背景にした父の転勤によって徳之進（益田孝）の人生も大きく変わる。

箱館で英語を習い始めた徳之進は、数えの一四歳で父が勤める外国方に通弁御用（通訳）に採用され、寺詰め、つまり麻布の善福寺にあった米国公使館付となった。そして、一八六三年、攘夷論に押された幕府が、約束した開港の延期を交渉するため派遣することを決めた遣欧使節団の会計係となった父の従者として、徳之進は海を渡る。豊かな欧州を目にした若き日の益田孝の衝撃は想像にあまりある。その強烈な経験が三井物産の創設の原動力の一つになったことは疑いをえない。写真は、フランスを目指していた遣欧使節団が往路に立ち寄ったエジプトで、偶然、そこにいたフランス人カメラマンによって撮影されたと伝わる。

一九八二年の写真は、三井物産の中東店長会議の際の記念写真である。一二〇年のときを隔てて、三井物産の創始者と、「世界の火薬庫」と言われる中東の、ビジネスの最前線で汗を流していた三井物産の社員とが、同じ場所で記念写真の中に収まっている。その事実に、さまざまな思いが去来するのである。ＩＪＰＣ関連の情報活動で中東を動き回っていた私も、この時はキプロスでの活動を終えて、カイロでの会議に中東情勢の報告者の一人として参加していた。

イスラム世界へ足を踏み入れて

三井物産が社運を賭けて取り組んだＩＪＰＣをきっかけとして、一九八〇年代の私は、イラン情報を得るため、必死で中東と向き合っていた。最初に取り組んだのは、ユダヤ筋の情報の開拓だったが、もちろん、アラブ筋の情報への接近も試みた。

私が最初に訪ねたアラブの国はバーレーンだった。一九八二年のことである。前述したとおり、その頃のアラブ筋の情報はエジプトのカイロか、バーレーンのマナマ、キプロスのニコシアから発信されるものが主流だったからだ。当時の中東三井物産の本拠地がバーレーン（現在はドバイ）にあったため、そこを基点にして、クウェートやサウジアラビアやイラクなどの湾岸諸国に足を運んだのである。

今ではその地位をドバイに譲っているが、一九八〇年代のバーレーンは中東の金融センターとして栄え、三井物産だけではなく、日本の多くの企業がバーレーンに中東のヘッドクオーターを構えていた。バーレーンは三三の島から構成され橋で結ばれており、豊富な地下水と穏やかな気候にも恵まれ、紀元前の時代からアッシリア、バビロニア帝国の貿易基地となり、真珠の産地でもあった。

バーレーンは、湾岸諸国で最初に油田が発見された地である。歴史を紐解《ひもと》けば、中東で最初に油田が発見されたのは一九〇八年、ガージャール朝期のペルシャ（現イラン）においてであった。翌年にはBPの前身であるアングロ・ペルシャが設立され、イギリスが石油開発を主導した。第一次世界大戦後の一九二七年にはイラクでも油田が発見され、こちらはフランスが開発を主導した。石油を巡る欧州先進国間の熾烈な利権争いは、油田発見の当初から繰り広げられていた。

そして、一九三一年にはペルシャ湾の南の湾岸諸国で初めての油田が、イギリス保護領下のバーレーンで発見される。三二年には最初の掘削に成功するが、初めてバーレーンを訪れたとき、私はその一号油田に立った。このときもらった一号油田から出た原油のカプセル入りのサンプルを今も大事に持っている。

一九六八年にイギリスがスエズの東側から撤退すると、バーレーン、UAE（アラブ首長国連邦）、カタールなどペルシャ湾岸のイギリス保護領が相次いで独立を宣言した。イランはバーレーンの領有を主張してサウジアラビアなどと対立し、湾岸は緊張に包まれた。だが、国連の調停により七一年にバーレーンの独立が承認された。バーレーンを支配したのは、スンニ派の王族ハリーファ家だった。ところが、国民の七割はシーア派であり、もし民主的な選挙が行われれば、サダム・フセインを排除したイラク戦争後のイラクと同じようにシーア派主導の国となるであろう。そういう微妙な政治構造を持っているのがバーレーンだった。中東に没頭していた私は、その地で、イスラム諸国の内包する、石油の利権をめぐる争いやスンニ派とシーア派の戦いといった問題を肌で感じ始め、中東を観る視座が培われていった。

バーレーンは「エデンの園」伝説の舞台ともいわれ、中東のオアシスでもあった。酒が飲めるということもあったが、BPが作った土漠のゴルフ場があり、バンカーショットだけのゴルフに思えたが、朝早く起きて結構楽しむこともできた。ちなみに、フェアウェイに打った人は、携帯用の人工芝に置いて第二打を打つ権利が与えられるというローカル・ルールであった。当時は、サウジアラビアとつなぐキング・ファハド・コーズウェイ（海上橋）も完成していなかったが、ペルシャ湾岸の別天地であった。

一九八〇年代前半の私はイスラエルとアメリカ、そしてアラブ諸国を飛び回っていたのだが、当時、イスラエルとアラブの両方で情報活動をするのは、とても難しいことだった。パスポートにイスラエルの入国記録があると、大半のアラブの国からは入国を拒否されたからだ。

日本と中東を行き来し始めた最初の頃は、イスラエルに行った後でアラブの国に出かけるときには、パスポートを紛失したり破損したりしたことにして、新しいパスポートを再発行してもらっていた。中東は緊張に包まれていて、パスポートの再発行を繰り返すのも危険であり、非常に微妙な活動を続けていたわけである。次第に知恵をつけた私は、イスラエルに入国する際に、入国管理官に事情を話して、パスポートに入国印を押さずに入国するようになった。

中東での怖い体験

中東を動き回っていた頃、中東は怖いなと感じたことが何度かある。例えばこんなことがあった。「ネームカード事件」である。シンガポールからクウェートに向かう飛行機の中での出来事だった。

座席で隣り合わせた男はとても陽気なアメリカ人だった。旅は道づれ、話しかけられるまま会話に興じているうちに、相手が石油関係の仕事をしていることがわかった。私も退屈まぎれにIJPCの話をしたりして、石油を巡る問題について親しく意見交換をした。

飛行機が空港に到着してからのことだ。その男に好感を持った私は別れ際に、「また会う機会があれば、話をしよう」と言って名刺を渡した。もちろん、自分の身分や連絡先がわかる三井物産の名刺だ。すると男は、ジャケットの内ポケットからゆっくりと「名刺入れ」を取り出して、「This is my name card」と言って差し出し、ニヤリと笑った。受け取ったカードを見た瞬間、背筋が寒くなった。そのカードには「NAME CARD」とだけプリントされていたのである。裏は白紙。名前も所属も連絡先もなかった。「ジョークなのか」――あっけにとられて顔を上げたとき、男の姿はすでになかった。自分の甘さを知った。

彼に何を話したのか、詳しくは憶えていない。機密情報はもちろん話していない。それでも、調子にのって、聞かれもしない情報や私の考えを喋ってしまったのは間違いない。彼が誰で、私の話したことが、彼にとっていかほどの価値があったのかもわからないが、たまたま飛行機で隣のシートに座り親しげに話しかけてきた男が、身分を明かさないどころか、他人を喰ったようなカードを持ち歩いていたことに、戦慄を覚えたのだった。

もっと恐ろしい話もたくさん見聞きした。その一つは、バーレーンで頻発していた出来事である。同じ中東のイスラム教徒であっても、シーア派とスンニ派は、歴史的に激しく対立した。イスラムの正統性を巡る戦いであり、近親憎悪とも言うべき状況だから根が深い。今も同じだが、そのあたりの中東事情に疎い日本企業の研修生のような立場の社員が、空港でバーレーン当局に拘束されたという話を耳にした。

拘束の理由は、イラン（ホメイニ革命）支持者と疑われてのことだった。彼はイランの空港か街頭でホメイニ師の写真やパンフレットを手に取って、何気なく鞄に入れて持ち歩いていた。バーレーンに入国する際にそれが見つかって拘束されたのだ。前述のとおり、スンニ派の王族がシーア派の民衆を支配しているのがバーレーンの政治構造であり、シーア派によるイラン革命の輸出をもっとも恐れていた国の一つがバーレーンだったのである。

拘束は二泊三日に及び、釈放されるのに大変な苦労があったと聞く。さらに、無事釈放されても、「よかったね」と呑気に言えるような問題でもなかった。イスラム世界では同性愛が厳しく罰せられる。監獄にはその罪で収監されている者も多い。そのような場所に、右も左も分からないまま放り込まれた若い日本のビジネスマンが、獄舎で同性の囚人からレイプされたといった凄惨な出来事さえ起こっていた。

サウジアラビアでは、商社マンの夫人が、全裸の死体で海岸に打ち上げられるという事件もあった。妻を亡くしたその商社マン自身が殺人罪で逮捕され大騒ぎになった。冤罪だった。イスラムの教えでは女性は他人に顔や手以外を見せてはならない。そのため、ヒジャブと呼ばれるスカーフのような布で頭を隠して外出するのだが、その夫人は何も被らずに外を歩き回って目立っていた。事件は、宗教感情を傷つけた外国人女性の振る舞いへの私刑と推察された。この事例は、中東赴任を前に商社で行われる事前研修で、心すべき事例として取り上げられていた。

今も変わらないことだが、異文化、とくに宗教的戒律を尊び、破戒者には厳しい制裁が加えられる国もあるイスラム圏で仕事をする際には、文化・習慣の違いを理解し、強く意識しながら行動しなければ、思いもよらない危険が付きまとうのである。

急がば回れ——カイロからテルアビブへ

中東を動いていると、時として、ちょっとした判断が命がけのリスクとなる体験を強いられることもあった。思い返しても冷や汗ものなのが、払い下げの軍用機に乗った体験だ。本章の冒頭で触れたカイロでの三井物産中東店長会議の後の「事件」だった。

会議を終えた私は、イスラエルでの活動に戻る予定だった。カイロからテルアビブへの直行便はなく、ミラノ経由が一般的だった。シナイ半島を挟んで隣接するエジプトからイスラエルに飛ぶのに、地中海を二度も横断するのだから、遠回りだ。ところが、カイロ在住の事情通の人物から、一般には知られていない直行便がある、テルアビブまでわずか一時間だから便利だと勧められた。サイナイ航空（シナイ半島のシナイという意味）という小さな会社に一般のサービスではない裏のフライトがあるというのだ。

ミラノ経由なら丸一日かかる移動が、一時間で済むという甘言に惹かれて、私はサイナイ航空でテルアビブに飛ぶことに決めた。実際に飛行機に搭乗すると、それは座席が通勤電車のように横向きのベンチシートになった軍用機から転用した機体だった。それはともかく、いざ離陸という瞬間に失速し、脚が破損するような音がしてそのまま停止した。すると、「爆発するかもしれないから逃げろ」と乗務員が叫んでいる。なんとか手荷物だけを握りしめて、必死にターミナルビルまで走った。結局、フライトはキャンセルとなり、翌日、ミラノ経由でイスラエルに飛んだ。急がば回れ、である。このような類の命からがらの経験も中東では驚くほどのことではない。

命がけで動かなければならないとき、「役立つこともあるから純金の指輪でも身に着けていろ」とアラブの友人がアドバイスしてくれた。金の装身具を売る店が多い理由の断片がわかったような気がした。

スカラベとは——古代エジプトの知恵

エジプトのピラミッドは辺境地の砂漠に林立していると思われがちだが、ギザのピラミッドはカイロ中心部から車で三〇分ほどの近場にある。土産物で目を引くのは、「パピルス」に描いた絵と「スカラベ」という昆虫を模した置物、ペンダントトップだ。

スカラベというのは、ゴキブリのように見えるフンコロガシのことだ。古代エジプトではスカラベは神聖な昆虫とされ信仰の対象だった。古代人がネックレスにしているのは、そのスカラベ信仰の現れだ。大英博物館にはエジプトで出土した巨大なスカラベが展示してある。そして、現代でもエジプト人のスカラベ信仰は篤い。最初にスカラベを土産物屋で見たときには、なぜこんな気持ちの悪い虫を大切にしているのだろうかと思ったが、聞くと深い話があった。

「エジプトはナイルの賜物」と言ったのは古代ギリシャの歴史家、ヘロドトスである。毎年七月ごろになると、ナイル川はエチオピア高原に吹く季節風の影響で氾濫を起こした。洪水は豊穣をもたらす肥沃な土を流し去った。ナイルの氾濫によってもたらされるその土を、どこからともなく現れてコロコロとフンを運び、作物のよく実る、豊かな土壌へと生まれ変わらせてくれているのが、フンコロガシなのである。古代のエジプト人は観察していてそのことに気づき、スカラベを信奉するようになった。それが古代文明の知恵の断片であり、スカラベ伝説はエジプトを理解するうえで不可欠な要素なのだ。現代流にいえば、リサイクルの思想なのである。

真のインテリジェンスとは

中東と向き合っていた時期、自分に課していたのは、出張に出かける前の徹底した準備だった。イスラエルでも湾岸諸国でも、情報活動のため現地を訪れる前に、書籍などの文献や学者の論文、歴史書など日本で集められる情報は徹底的に集めて、懸命に頭に叩き込んだ。それには私なりの理由があった。

アメリカでイランの専門家を訪ね歩いた旅から始まり、イスラエルのシロア研究所でも、私が話を聞いたり意見交換したりする相手はすべて情報のプロであり、地政学的知の専門家であった。彼らは相手に価値を認めなければ、絶対に本気で議論をしない。それが情報のプロに接して受けた共通の印象だった。

面談を希望している相手が、自分にとって時間を割く価値のある情報と展望を持っている存在と認めたときに初めて、彼らは本気で向き合ってくる。そのためには、面談相手に質問しなくても、調べればわかるようなことは事前に頭に入れておくのは必須条件だと思った。面談前には、必ず面談をシミュレーションして、質問票を作ったり、問題についての自分自身の考えをあらかじめ英語でまとめたりして準備した。ときには、面談前に質問票や自分の見解を先方に送ったりもした。自分が時間を割く価値のある人間と認めてもらうためだ。

そして、先方が関心の焦点とする情報を探ることにも努力を惜しまなかった。相手から情報を得るには、こちらも相手にとって価値ある情報を持っていなければならない。つまり、情報のプロの世界では、情報は一方通行に与えたりもらったりするものではなく、等価交換するものなのである。それが厳然たる事実だった。よほどカネを払うか、こちらが知的に重装備するかどちらかなのである。

ヘンリー・キッシンジャーのレベルになると、一時間のインタビューに一万ドルはかかるといわれる。日本のシンクタンクがインタビューを申し込んで、最初と最後の一五分は冗談をいっていたので、中身は三〇分だったという冗談話がある。もちろん、キッシンジャーが会うに値すると判断すれば、カネなどかけなくても時間を割いてくれる。真剣に情報に向き合っているプロは「時間とカネに極めて厳しい」――それが真実だ。

昨今、情報という意味を表す言葉として、インフォメーションに代わって「インテリジェンス」という言葉が氾濫し、あたかも『００７』や「諜報活動」というイメージばかりが先行している。だが、インテリジェンスの意味を理解している人は多くない。

例えば、マスメディアが取材と称して集めている情報活動や、評論家・地域情報の専門家が行っている研究活動・情報収集は、インテリジェンスではなくインフォメーションだ。その決定的な違いは、インテリジェンスは課題解決型の情報であるということだ。知的好奇心を満たすことでもなく、具体的な課題に対する最適解を求めて、制限された時間内での情報集積と解析に取り組むことであり、世に出回っている「インテリジェンス」を語る書籍など大半は一読の価値もない代物である。

インテリジェンスに必要なことは、情報を得る前段階で行う周到な準備の積み重ねであり、情報の価値をあらゆる角度から検討・分析できる複眼的視座の構築なのである。準備がなければ、たとえ意味のある情報を得たとしても、その価値や重要性を判断できない。インテリジェンスの名に値するのは、周到な準備の下、玉石混交の情報から、問題解決のために本当に価値や意味のある情報をすくい上げることのできる知的能力だと私は思っている。

サダム・フセインの右腕、アジズ外相との面談

それは一九八四年、米・ワシントンのブルッキングス研究所に出向して翌年の秋のことだった。ある日、東京の本社から無理難題の指示が飛び込んできた。「ワシントン訪問予定のイラク

のタリク・アジズ外相と会え」と言うのである。

一九八四年のイラクは、イラン・イラク戦争の最中にあった。開戦の火蓋が切られて四年。その間、三井物産が社運を賭け完成目前だったＩＪＰＣの石油化学関連施設は、イラク空軍の度重なる空爆にさらされ、大きな被害を受けていた。東京からの指示は、「アジズ外相がワシントンに乗り込んでくる。そのとき、なんとしても面会して、空爆の目標が日本とイランの合弁事業と分かったうえで攻撃しているのかどうか、確認せよ」とのことだった。

この時点で、アメリカとイラクには国交はなかった。一九六八年のバース党の政権掌握以来、イラクは「アラブの統一・植民地解放・社会主義」を掲げて冷戦期の東側への接近を図ってきており、アメリカとは対立関係にあったが、ホメイニ革命とイラン・イラク戦争を機に、両国の利害が一致して、アメリカはイラクに急接近し、サダム・フセインを陰から支援し始めていた。ホメイニ革命後のイラン憎しが高じて、「敵の敵は味方」という、未来への展望を欠いた場当たり的な理屈での接近であった。そして、ついに米・イラクの国交が回復されることになり、その調印のため一九八四年一一月に、タリク・アジズ外相のワシントン訪問が実現することになったのだ。

とはいえ、私は一日本企業のビジネスマンにすぎない。相手は中東の大国イラクの副首相兼外相であり、サダム・フセインの右腕と言われていた男だ。その大物と面談し、しかも、極めて政治的な問題について相手の意図を問い質《ただ》してこいと言うのである。「何を無茶な」とは思ったが、口には出せない。「イラクの本音を探りたい」という東京本社の苦悩もわからなくもない。

幸いなことに、ブルッキングス研究所の中東班で研究を続けていた私は、ワシントンの中東専門家たちのサークルに一定の人脈を築いていた。その筋から調べてみると、アジズ外相が滞在中にＡＥＩ（アメリカン・エンタープライズ公共政策研究所）という保守系のシンクタンクで記念講演を行う予定であることがわかった。なんとか、その機会に面談できないものか。

片っ端から人脈に当たってみると、ジョイス・スターという、やはりワシントンの有力シンクタンクであるＣＳＩＳ（戦略国際問題研究所）に籍を置くユダヤ人女性研究者の仲介で、一五分だけ会えることになった。

そして、ついにその日がやって来た。面談したのはＡＥＩの理事長室で、アジズ外相の記念講演の直後であった。面談の場に現れたアジズ外相は、中東の国の閣僚としては極めて珍しく、キリスト教徒で流暢な英語を操る人だった。唐突に現れた日本人の若造を目にして、「日本の若い商社マンが自分に何の話があるのか」とでも言いたげな、怪訝な表情で私を見つめていた。

とにかく、日本人の私がなぜ面談を申し入れたのか、自分の立場を的確に説明しなければならない。緊張しながらも私がアジズ外相に面談を要望した主旨を説明し始めると、アジズ外相は目をまん丸にして聞いていた。そして、話が核心に触れると、私が面会を望んだ意図を次第に理解し、「なんだ、そんなことを訊くために、わざわざワシントンにまで来たのか」と、にやりと表情を和らげて答えてくれた。「当然、日本企業のプロジェクトだと知っているよ」

それが、イラク外相の回答だった。驚くほど、あっさりとした答えだった。そして、静かな口調で、中東におけるイラン革命がもたらす危険性を強調する話を、もちろんイラクの立場から一五分の面会時間を超えて話してくれた。

タリク・アジズはその後もサダム・フセインのスポークスマンとしてイラク外交の顔であり続けた。イラク戦争後に捕らえられ、死刑判決を受けたが、長い獄中生活の後、二〇一五年六月、病死した。私は、この人物のあのときの表情を思い出しつつ、その数奇な運命を考えることがある。

イラン・イラク戦争下のバグダッドへ

アジズ外相との面談をきっかけに、私は翌一九八五年二月に戦時下のバグダッドに飛んだ。イラクが、それと承知のうえで日本とイランのジョイントベンチャーを攻撃目標としている以上、イラクの生きた情報筋を開拓する必要があった。イラン・イラク戦争を、イラン側からだけではなく、イラク側からのイランの将来への判断も重要であった。イラクはこの戦争をどう展望し、何をしようとしているのか——。

深夜に到着したバグダッドのサダム国際空港では、三井物産の同僚が出迎えてくれた。戦争の影響で、ホテルでもまともな食事にはありつけないからと、奥さんの手料理のお弁当を持参してくれていた。ホテルに着いて早速いただくと、タッパーの中にはおにぎりと卵焼きが入っていた。地獄に仏とはこのことで、空腹も手伝って私はすぐに平らげてしまった。

翌日、同僚に「戦争の最中でも卵が手に入るんだね」などと呑気な感想とともにお礼を言った。ところが、卵は簡単に手に入るものではなかった。奥さんはその卵を手に入れるために、灯火管制の敷かれているバグダッドの市場で二時間も並んで、やっとの思いで卵を手にしていたのだった。そんな苦労も知らずに、呑気にパクパクと貴重な卵焼きを食べてしまった自分を恥じながら、「これが戦争というものなのだ」ということを思い知らされたのであった。

バグダッドへの旅では、戦時下のイラクで働く日本人ビジネスマンとの出会いが心に残った。エンジニアリング会社やゼネコンの日本人社員たちと面会したときのことだ。彼らはイラクとの共同プロジェクトなどのために派遣されてきた人々だった。話を聞いて驚いたのは、彼らのほとんどがパスポートをイラク側に取り上げられていたことだ。軟禁されていたわけではない。プロジェクトが完結するまで、出国できないようにするため、という恐ろしい話で、三年も四年もイラクに留め置かれている企業戦士が大勢いた。帰国を望んでも、まだプロジェクトが終わっていないとか、トラブルが発生しているとか、いろいろ理由を見つけては、帰国を阻止されるとのことだった。

私が帰国するときに、何人かに手紙を託された。東京についてからポストに投函するだけの頼みだったが、何を書いたか聞かされ、胸が締め付けられた。「今年もクリスマスに帰れないけど、父さんは頑張っている」。そんな内容の、幼い娘さん宛ての手紙と聞いた。あの後、イラクではさまざまなことが起こったが、彼らは無事に日本に帰れたのだろうか。ときどき、そんなことを思う。

サダム・フセインを怪物に育てたアメリカ

『だれがサダムを育てたか——アメリカ兵器密売の10年』（笹野洋子訳、NHK出版、一九九四年）は、出版当時、その邦題のインパクトもあって話題となった一冊だ。著者のアラン・フリードマンはアメリカのジャーナリストで、アメリカで前年に出版された原題は *Spider's Web: The Secret History of How the White House Illegally Armed Iraq* である。原題と邦題の副題が示すとおり、イラン・イラク戦争時のアメリカのイラクへの兵器密売の実態を追ったノンフィクションだ。

誰がサダム・フセインを育てたのか——。答えはもちろん、アメリカである。先回りをして言えば、私のバグダッドでの活動は、それを実感するためにあったようなものだとさえ思う。私が見聞きし分析した経験からしても、フリードマンの書いていることはおおむね真実と断言できる。イラン革命の衝撃で、アメリカがイランへの対抗勢力支援としてサダム・フセインを育てたというのは本当のことだ。

そうした活動の中で、米国大使館の大使館員とは何度か面会してイラン・イラク戦争の展望について意見を聞いた。彼らの視界にはサダム・フセイン専制の危険性という判断はなく、イラン革命の脅威を強調して、サダムを支援しなければという思いがあり、そのためにも日本企業のイラク投資を期待する文脈が溢れていた。米国大使館員との情報交換で、私はアメリカがイラクにいかに迂回した武器援助をしているかを聞き、驚いた。例えば、農業援助の仕組みを使い、トラクターなどの名目で軍用車両を供与するなど、あらゆる手段を駆使してサダムを支援していた。

開戦当初は、バグダッドは平地だから、イランが本気で雪崩れ込んだらすぐに陥落するだろうという見方が大勢だった。だが、予想に反してイラクはよく持ちこたえた。その理由の一つが、アメリカが裏で支援していたという事実だった。そして、それがサダム・フセインを増長させた、クウェート侵攻につながるのである。

パーレビ王朝・政権の後ろ盾だったアメリカは、革命後のイランと激しく対立していた。そのため、前述のとおり「敵の敵は味方」の理屈でイラク＝サダム・フセインと急接近し、イラクの戦争を裏で支えたのである。その結果、皮肉にもフセインは強大な権力を得て絶対的な独裁者と化し、イラン・イラク戦争停戦（一九八八年八月）から二年も経たない九〇年八月にクウェートに侵攻し（湾岸戦争）、アメリカに牙を剥《む》き始めたのである。

後に詳述することになるが、アメリカの中東、イスラム戦略は同じ失敗の繰り返しである。9・11を首謀したとされるアルカイダのウサーマ・ビン・ラーディンを育てたのもまた、アメリカだった。ソ連のアフガニスタン侵攻に対抗するため、CIAが協力した中東からの義勇軍の軍事訓練に参加していたのがビン・ラーディンだったのである。ブラックジョークのような構図なのである。

バベルの塔を訪ねて

バグダッドでは、時間を見つけて訪れたバベルの塔の遺跡が思い出深い。バグダッド郊外にあったとされるバベルの塔は、旧約聖書にもその記述がある、四〇〇〇年前の歴史的な建造物だ。その高さは九〇メートルほどだったという。

初めてその遺跡に立ったとき、私は軽い失望感に見舞われた。期待を膨らませて訪れた遺跡が、なんともちっぽけなものに思えたのである。その後、ニューヨーク上空からマンハッタンの摩天楼を見下ろしたときにも、不思議なことに同じような心持ちを抱いた。

「当機は今、マンハッタン島の上空を通過中です」という機内放送に促され、ジャンボ機から見下ろすと、地図と同じ形をしたマンハッタン島が夕日に浮かんでいる。あそこがセントラルパークで、あれが……、と、当時住んでいた街並みを確認しようとしてふと気づいた。ニューヨークのシンボルともいうべき摩天楼が、まったく平板にしか見えない。最初にニューヨークを訪れ、JFK空港からマンハッタンに向かう車の窓から、彼方に聳《そび》え立つ摩天楼のビル群を初めて目にした日の感激を忘れることはできない。その摩天楼が、高度一万メートルの上空からはまったく平板でしかないという現実は、新たな発見だった。

バベルの塔に抱いた失望感も、同じだった。より高いところから見下ろした摩天楼がちっぽけに見えたように、四〇〇〇年という長い時間を経て、エッフェル塔や東京タワーを知る私にとって、高さ九〇メートルの塔は、期待に反してなんともちっぽけな建造物と思われたのだった。

しかし、忘れてならないのは、そこが大平野であったということだ。バグダッドからユーフラテス河口までは四〇〇キロメートルあるが、その標高差はわずか数メートルである。その大平野にバベルの塔は聳えていたのだ。四〇〇〇年前に生きた人々は、はるか彼方から見ても見えるその塔の高さに驚いたであろうと想像された。

ひるがえって顧《かえり》みれば、より高い視界や、より長い時間の中では、人間の文明が作り出したものなど、すべてバベルの塔でしかないとも言える。

トルコへ——米ミッションの一員として

バグダッド訪問の後一九八五年六月、トルコを訪れた。ブルッキングス研究所での密度の濃い生活を終え、日本に帰って間もなくのことだ。アジズ外相との面談を仲介してくれたユダヤ人研究者、ジョイス・スターに誘われ、CSIS（戦略国際問題研究所）のトルコ訪問団の一員として、欧州と中東の接点に位置し、中世にはオスマン帝国がヨーロッパを震え上がらせた古《いにしえ》の超大国を訪問したのだった。

訪問団に誘われたのを機にトルコについて文献研究し、トルコでフィールドワークを重ねたことは、私の中東に対する見方を厚くしてくれた。その意味で、初めてのトルコ訪問は、私のその後の視界に大きな意味を持った。

イスタンブールに降り立ったとき、私の頭の中では、なぜか庄野真代の『飛んでイスタンブール』の楽曲がリフレインされていた。「おいでイスタンブール　うらまないのがルール……」と歌う、一九七八年にヒットしたあの曲である。ちあき哲也作詞の歌詞は「飛んでイスタンブール　光る砂漠でロール　夜だけのパラダイス」と続くが、イスタンブールに砂漠はない。おそらくこの作詞家はイスタンブールを見たことはないのであろう。ただイメージとしては、中東、そしてこの地に心を駆り立てるインパクトある作品だと言える。

訪問前のトルコについての私の知識も、正直を言うと浅薄なものだった。トルコに対するイメージは、当時の大方の日本人のそれと変わりはなかった。トルコ人留学生から抗議を受けて、性的サービスを提供する風俗営業店の一般呼称が「トルコ風呂」という名称から「ソープランド」に「改名」されたのはこの年のことで、当時、トルコといえばトルコ風呂を真っ先に思い浮かべる人は多かった。ユセフ・トルコの影響もあった。樺太生まれ、横浜育ちのこのトルコ人レスラーは、人気絶頂だったころのプロレス界でレフェリーとしても活躍した。もちろん、ショーアップのための演出だろうが、滑稽で虚弱なイメージが強く、その印象がトルコと重なり合っていた。

しかし、ＣＳＩＳの一員として、アメリカ側から見たトルコは「滑稽で虚弱」とは対極にある「強国」だった。滞在中、訪問団はトゥルグト・オザル首相とも面談し、欧州・中東の安全保障について意見交換する機会を持った。席上、トルコ側からはアメリカへの不満が噴出した。

「アメリカはトルコを西側陣営の一員と見なして、NATO（北大西洋条約機構）の最前線でソ連と向き合わせているのに、一方でトルコを警戒して、先端的な武器は供与しない」と言うのである。

つまり、こういうことだ。時代は東西冷戦末期。トルコはNATOの一翼を担い、ソ連に対する最前線基地の役割を果たしていた。だが、その一方で、イスラム諸国会議機構（OIC）の一員でもあり、欧州のキリスト教国から警戒されていた。この二重構造が、トルコのトルコたるゆえんだった。

一三世紀末にその萌芽を見たオスマン帝国は、一五世紀半ばにビザンツ帝国を滅ぼしてイスタンブールを都とし、欧州のバルカン半島にまで領土を広げた。さらに一六世紀と一七世紀には二度にわたり当時の欧州の中心ともいえるウィーンを包囲し、陥落寸前にまで追い詰め、欧州社会を震え上がらせたのである。

歴史的知識としては、もちろん理解していたが、CSISの一員として、トルコ政府要人との意見交換の場に列し、アメリカがトルコの脅威に対してそれほどまでに警戒感を抱いている現実を目の当たりにして、心底驚いた。オスマン帝国のヨーロッパ侵略は歴史上の出来事として封印されているのではなく、未だに欧州のトラウマとなっていて、それが現実の世界の政治や安全保障に大きな影響を及ぼしていることを知ったからである。

その国の志操堅固な青年がどのような職業にあこがれ、職業選択をするかを調べれば、その国の基本性格が見えるといわれる。トルコの場合は軍人であり、その意味でトルコは歴史的にも武断国家なのである。欧州の母親が幼児を寝かしつけるときに「トルコ人が来るよ」と言って静かにさせるという逸話があるが、沁みついたトルコへのトラウマは深いのである。

本書の最終ゲラを校正していた二〇一六年七月、トルコに軍事クーデター未遂事件が起こった。第一次世界大戦後のオスマン帝国解体後、一九二三年にケマル将軍が主導するかたちで共和国に移行したが、この国の武断国家としてのDNAが、厳しい局面になると噴出する。一九六〇年、一九八〇年と軍事クーデターが起こるなど、常に軍の圧力が潜在する。エルドアン大統領の強引な経済成長路線が「トルコの台頭」をもたらす一方、内に抱える問題も根深い。

ところで、二〇一五年終わりに『海難1890』という映画が公開され、話題となった。一八九〇年に和歌山沖で難破したトルコ船籍のエルトゥールル号の乗組員を、日本人が救出した史実に基づく物語である。

映画でも触れられているが、それからほぼ一世紀を経た一九八五年、まさに私が関わっていたIJPCの現地サイトが、イラク空軍からの度重なる空爆にさらされた。三月には日本大使館が在イラクの日本人に出国を勧告、サダム・フセインが一九日に期限を決めて、「それ以降の外国航空機の安全は保証しない」と宣言したことから、心理的パニックが広がった。テヘラン日本人会や政府は日本航空に救援機のフライトを要請したが、日航は乗員の安全が保証できないことを理由に要請を拒否する。そのような状況の中で、期限の一九日にトルコ航空が特別臨時便で大半の邦人をテヘランから救出した。映画では、この事実が「海難事故から一世紀の時を超えた恩返し」という美談として描かれている。

二〇一五年の一一月には、この救出劇を題材に、門田隆将が『日本、遥かなり――エルトゥールルの「奇跡」と法人救出の「迷走」』（PHP研究所）を出版している。その視点は「なぜ日本は助けに来ないのか」というもので、邦人保護のため自衛隊が海外で武力行使を伴う活動ができるようにすることを主張している。一五年の安保法制の際にも、「自衛隊は危険にさらされている海外邦人の救出もできないのか」ということが議論になった。

しかし、一九八五年当時の事情を知る者からすればまったくおかしな話で、そんなことはあの頃の当事者の誰も期待していなかった。

イラン・イラク戦争当時、中東に何度も足を運んでいた者として、明確に言っておきたいのは、当時、中東に関わりビジネスの最前線に出ていた日本人に、「自衛隊に助けに来てほしい」と望んだり、「なぜ、自衛隊は助けに来てくれないのか」と不満を口にしたりした者は一人もいなかった、ということである。また、トルコ側も「時を超えた恩返し」などという意図で救援機を送ったわけではなく、私のトルコ訪問はこのイランからの邦人退去の直後だったにもかかわらず、何人もの要人とも面談したが、「日本への恩返し、感謝」などという話はいっさい出なかった。

この章で書いた、パスポートを取り上げられていたイラクの日本人エンジニアたちからも、イラン・イラク戦争や湾岸戦争で、強制的に関係国に留め置かれた状況下にあった人からも、国家に期待するそんな話は聞いたことがない。中東で汗を流していた日本人は、戦後の日本はそういう国になったのだと、腹を括《くく》っていた。それを当然のこととして受け入れていた。一九八〇年代の自分の足跡を振り返るとき、リスクを覚悟して、腹を括って中東を闊歩していた日本人の姿が目に浮かぶ。

中東・イスラム世界理解の第一歩

中東という地域を動きながら、この地域の理解のためには、フィールドワークだけでなく文献研究が不可欠と考え、文献への関心も深めていた。当初は手探り状態で、手当たり次第に関係する文献を入手して読み込んでいった。と言っても、当時、イスラム研究の文献は今日ほど多くなかった。中東研究が重層的になってくるのは、石油危機やイラン革命の後の話だ。そんな状況下で、出版社、新聞社、外務省、通産省（現経済産業省）などに籍を置く、イスラム世界やユダヤ世界に通じた多くの人から示唆を得て、図書館や書店などでは簡単には見つけられない文献を収集していった。

多くの書物・文献の中で、私のイスラム世界理解の第一歩に、大きな刺激を与えた文献は、和辻哲郎の『風土――人間学的考察』（岩波書店、一九七九年）だった。和辻哲郎は、戦前から戦後にかけてのわが国の知の世界にそそり立つ巨人であり、弱冠三〇歳にして代表作の一つ『古寺巡礼』（岩波書店、一九七九年）を、そして四六歳で『風土』を記した哲学者であった。学生時代に『古寺巡礼』を手に何度か奈良を訪ね歩いたことのあった私は、若いころから和辻を尊敬していた。

和辻は、『風土』において、「風土とは単なる自然環境ではなく、人間の精神構造に刻み込まれた自己了解の仕方に他ならない」として、この観点から世界を「モンスーン・沙漠・牧場」という三類型に分類、日本をはじめ世界各地域の民族・文化・社会の特質を浮き彫りにしてみせた。いわば、比較文化論の先駆的作品であり、複雑な世界の民族や文化をたった三つの類型に分類してしまったことなどから、さまざまな批判もあるが、今日でも、その切り口は鮮やかであり、読み継がれるべき古典である。

『風土』は全編を通じて大変興味深い著作だが、イスラム世界の理解に取り組んでいた当時の私は、中でも「沙漠」の節に大きな影響を受けた。和辻は、沙漠に生きる人々の存在の仕方の特性を「乾燥」と看破している。そこで生きる人々＝沙漠的人間の特質は、四季に恵まれ水と緑に囲まれたモンスーンに生きるわれわれ日本人とは本質的に異なる。われわれは「人間到る処青山あり」をごく自然に理解できるが、沙漠には、墓所という意味においての青山はあっても、モンスーンに生きるわれわれがイメージする豊かな緑に包まれた青山はない。あるのは「草木なき」山であり、その山は「陰惨」な「死せる」山である。

沙漠の本質は乾燥であり、乾燥の生活の本質は「渇き」である。そのような風土においては、水が生命線である。「人は自然の脅威と戦いつつ、沙漠の宝玉なる草地や泉を求めて」歩かなければならず、「草地や泉は人間の団体の間の争いの種となる」。そのため、沙漠的人間は「対抗的・戦闘的」な特質を持つ。

さらに、自然や敵対集団とは個人で戦うことはできないため、生き抜いていくためには所属する集団「全体への忠実、全体意志への服従は、沙漠的人間にとって不可欠」である。従って、「沙漠的人間は、服従的、戦闘的の二重の性格を得る」というのが、和辻が見た沙漠的人間の特質である。そうした風土が、神に人格を持たせた一神教の宗教を出来《しゅつらい》させたとも和辻は指摘している。

『風土』において和辻が沙漠的人間というのは、つまり中東の人々のことである。イスラム世界を理解しようとする作業の入り口で、私はイスラムの人々は「所属する集団の全体に対して従属的であり、他者には対抗的かつ戦闘的である」と理解した。もちろん、先人の多くが和辻を批判したように、ことはそう単純ではない。しかし、和辻の分析は、その後中東をフィールドワークしていった私の意識に、通奏低音のように響き続け、基盤理解として大きな影響を与えたのであった。

余談の類になるが、この論稿をまとめるにあたり、改めて『風土』を読み返してみた。そこにはアデン、シナイ山、アラビア半島、エジプトのピラミッドなど、今となっては私にとって懐かしい固有名詞が多く登場する。それを読みつつ、ふと、思った。それが私のモノの捉え方ということにもなろうが、それは、「和辻は実際に中東を見たのか?」という疑問である。見もせずに書いたのか、と批判しようと言うのではない。見もせずに書いたとしても、立派な思索に変わりはない。単純に、そう思ったのである。

年譜を調べてみると、和辻は生涯に一度だけ海外に渡っていた。一九二七年、和辻三八歳の年のことである。この年の二月一七日、文部省在外研究員として日本郵船白山丸に乗り込んだ和辻は、ドイツを目指した。太平洋からインド洋を西に向かった白山丸は、アラビア半島の西南端のイエメン・アデン沖から紅海を北上、スエズ運河を通過して、地中海沿岸のフランス・マルセイユに到着している。

つまり、紅海を北上しスエズ運河を通過する人が目にする砂漠が、アデンでありシナイ半島であり、エジプトのピラミッドなのである。和辻がアデンやシナイ半島に上陸したかどうかは知らない。しかし和辻の年譜を手に『風土』を読み返して、なるほどそうだったのか、と合点したのである。和辻はおそらく、『飛んでイスタンブール』を書いた作詞家同様、中東に行ったこともなく、はるか沖合から砂漠を眺めた経験をもとに『風土』を書いた。そんなものか、と思う半面、その思索の切れ味に驚愕を覚える。

ちなみに、和辻が留学したのは第一次世界大戦敗戦の傷あとが残るベルリンだった。三年の滞在予定だったが、「神経衰弱」、今日でいう神経症、いわゆるノイローゼを理由に一年で帰国の途についた。和辻の奥方、和辻照による『和辻哲郎とともに』(新潮社、一九六六年)の記述によれば、神経症の原因は、『三太郎の日記』(岩波書店、一九一四年)で有名な阿部次郎との確執であったという。照と阿部の関係を疑った和辻は、嫉妬と猜疑心で夜も眠れぬありさまで、毎日、照に手紙を書いていたほどであったらしい。戦前の日本を代表する哲学者にはそういう一面もあったことを知った。

コーランを手に――和辻哲郎の『風土』から

イスラム世界の入り口で、イスラム理解のうえで私がもう一つ大きな影響を受けた書物は、ほかならぬコーランである。私はそれを、井筒イスラム学で知られた井筒俊彦の『マホメット』（弘文堂、一九五二年）や『イスラーム文化——その根柢にあるもの』（岩波書店、一九八一年）などとともにカバンに入れながら中東を動いた。

初めてコーランに触れた私の感想を一言で述べるなら、それは軽い失望であった。キリスト教がヨーロッパ社会を席巻していた七世紀初頭に登場し、わずか一〇〇年後には欧州世界の脅威となるほどの発展を遂げたイスラム教の聖典がコーランである。人々を魅了してならない何かがそこにはあるに違いないと思って手に取った。

しかし、そこに記されていたのは、仏教の経典のような人間の内面を深く観照する文献とは異なる、極めて常識的な道徳規範や生活規範であった。殺すな、盗むな、姦淫するなといった類の、平凡で実践的な道徳規範の羅列に思えたのである。一方で、さすが商人の宗教とも思った。マホメット（ムハンマド、五七〇年頃～六三二年）はもともと商人であった。そのマホメットが神の啓示を書いた聖典の内容は単純明快でわかりやすいのである。

井筒俊彦が語るごとく「イスラームを砂漠的人間の宗教として類型化するのは間違い」であり、砂漠的人間（ベドウィン）とは対照的なメッカとメディナという七世紀のアラビアにおける国際的商業都市に生まれた商人であったマホメットによって起爆された宗教であることの意味は大きい。コーランには「商取引における契約」の概念が投影されており、「約束は誠実に守る」

という道義を反映した宗教だったことがわかる。それが、アラビア商人の交易に乗って、現在のインドネシアなど東南アジアにまでイスラムが浸透した理由でもある。

砂漠という「風土」とイスラムを結びつけた和辻哲郎の直観は、地球的視界からの類型としては全否定されるべきものではなく、イスラムはおおむねアラブからペルシャまで砂漠的風土を中心に拡大してきたのだが、「イスラムは砂漠的人間の宗教」とだけ決めつけることには限界がある。そんなことに少しずつ目が開かれていった。

違和感といえば、コーランにおいて繰り返し登場する異教徒に対する苛烈な批判や攻撃性には息苦しさを感じた。また、そこに描かれる来世観はあまりに単純に思えた。人間は死を迎えるとき最後の審判で天国と地獄に振り分けられる。善行を積んだ人は至福の天国へ招待され、悪行の限りを尽くした人は地獄に蹴落とされるのである。地獄は燃え盛る火に包まれ、茨の他に食べ物はなく、煮えたぎる湯を飲まされる。他方、天国には清流が流れ、緑生い茂り、果物が溢れている。そして、胸の膨らんだ純潔な乙女に出会える。もちろん、天国が「水と緑と果物と乙女」というところなら、現世社会でも十分に満たされそうな条件であり、招待されるにやぶさかではないが、深淵なるものを期待してコーランを手にとった身としては、失望を禁じ得なかったということだ。

ところが、実際に中東でフィールドワークを重ねていくうちに、私のコーランに対する最初の印象は変化していくことになる。中東を歩いていると、決まった時間になると、イスラム教徒はどこにいても、あるいは、それが中東ではなくパリだろうが同じことなのだが、小さな敷布を敷いてメッカの方向に向かって祈りを捧げる。そしてその祈りは、言葉というよりは、ある種の音楽なのである。

その祈りについて、イスラム教をよく知る人から説明を受けて納得した。彼らが捧げている祈りは、コーランの一節である。そして、そのコーランは、マホメットという預言者に預けられた神の言葉が一人称で書かれている書である。イエスの生涯をその弟子らが綴った新約聖書とは違う。そして、さらに重要なことは、コーランは聖典でありながら、韻を踏んだ詩歌でもあり、音楽なのである。

つまり、翻訳された文章で、論理だけを追っていてもコーランの本質はわからない。神の言葉は韻律を踏んだ音楽とともにあり、そこには、論理の世界を超越した、音楽としての、韻を踏んだ詩歌としての美しさがある。そこにアラブの人たちは魅せられているのであって、その総体が美的感動となって惹きつけられるのである。

さらに、コーランの教義も、キリスト教との相関において、一定の説得力があるとも思うようになった。キリスト教はイエスを救世主（キリスト）と信じ、七世紀の段階では、キリスト教は欧州を席巻するほど浸透していたが、教義を巡っては混迷・分裂を深め、神と神の子イエス・キリストと聖霊は三位一体であるとする「三位一体説」などが登場していた。コーランは、キリストを預言者の一人として位置づけ、三位一体性を否定（第五章七六〜七九節）し、絶対神とは明確に区別した。

しかし、イスラム教はムハンマドを神格化していない。ムハンマドはあくまでも旧約聖書から連なる預言者の一人である。ムハンマドは最終預言者であって、ムハンマドの後に預言者は出現しないという意味において特別な存在ではあるが、神格化はされていない。モーゼやイエスと並列する預言者の一人だとしている。キリスト教の側からすれば、キリストの神性を否定する不愉快極まりない解釈であろうが、異教徒である日本人の私には、その解釈は一定の説得力があるように思えた。

イスラムは、ユダヤ教やキリスト教との共生を前提として登場した。決して敵対するものではなかったのだが、すでに欧州の権威・権力の基盤となっていたキリスト教にとって、不快な参入者となったのである。

イスラムの歴史的役割――アラビア語からの再翻訳としてのルネサンス

少しずつだが、イスラム理解が深まるにつれて、イスラムが世界史に果たした役割が見え始めてきた。

一つは、八世紀に急拡大したイスラムの外来文明の吸収力についてである。アラビア半島に生まれたイスラムは、勢力拡大の中で他の文明と衝突した。その中でイスラムはギリシャ文明、古代オリエント文明（イラン、メソポタミア）、インド文明、中国文明を吸収し始めた。外国の文献のアラビア語への翻訳を進めた。

とくにアッバース朝（七五〇～一二五八年）時代には、ギリシャの哲学、文学、医学、地理・天文学、数学、化学などの文献の翻訳を進め、アリストテレスの『形而上学』『自然学』、プラトンの『国家』、プトレマイオスの天文学、ヒポクラテスの医学、ユークリッドの幾何学などの文献を翻訳し、吸収した。

アッバース朝はウマイヤ朝以降のイスラム世界の中心であったが、第二代カリフのアル・マンスール（在位七五〇～一二五八年）はバグダッドを首都としてアラブ科学の黄金期を築いた。この王朝期にバグダッドに「知恵の館」（バイト・アル・ヒクマ）という学術機関を設け、ビザンツ帝国支配下の国々からギリシャ科学の文献を集積・吸収した。

後に、欧州において「ルネサンス」なる文明復興運動が興るが、実はギリシャ語文献の原本が失われていたものが多かった。皮肉にも、アラビア語からの再翻訳がルネサンスを支えたという事実を知り、大いに驚かされた。実は、イスラムの台頭は、東西文明の交流の契機となり、それらをつなぐ接着剤・触媒的役割を果たしたのである。アラビア語からの翻訳でアリストテレスの知識が甦ったのである。

また、一五~一七世紀にかけてのオスマン帝国の隆盛が、いわゆる「大航海時代」をもたらす大きな要因になったことも忘れてはならないだろう。ポルトガルやスペインが、アフリカの南端の喜望峰を回ってインド・アジアに向かわざるをえなかったのも、地中海ルートをオスマン帝国にブロックされていたからである。

オスマン帝国の壁を乗り越え、アラビア商人や地中海のベネチア商人に支配されない回廊の構築、それが大航海時代を突き動かしたダイナミズムである。逆を言えば、アメリカ大陸の発見も、東アジアへの欧州諸国の接近も、「イスラムの壁」がもたらした副産物であり、その意味でもオスマン帝国は大きな歴史的な意味を持ったのである。

スンニ派対シーア派の対立という構図について

イスラム理解にとって、もう一つ肝要なのが、「スンニ派対シーア派」という宗派対立に関する認識である。基本的には宗祖ムハンマドの後継者についての正当性を巡る対立なのだが、宗教と政治が一体となるイスラム世界では、宗派対立という枠組みでは済まない意味をもっている。

ムハンマドが後継者を指名することなく死ぬと、最高指導者（カリフ）にはムハンマドの親友でもあったアブー・バクルが合議で選ばれた。宗祖の血脈よりも、ムハンマドが残した教義たるスンナを信仰の規範として大切にするというスンニ派の源流がここにある。イスラムの正統派という意味で、現在の世界のイスラム教徒の八五％がスンニ派といわれる。

これに対して、四代目のカリフになったムハンマドの従兄弟で娘婿であったアリーが、六六一年に対立していたウマイヤ朝軍の陰謀によって暗殺されると、「アリーの党派」という意味でのシーア派が、ムハンマドの血脈たるアリーとその子孫だけが神秘的力を有する指導者（イマーム）になりうると主張し始めた。アリーの死後、ウマイヤ朝への敵対心から生まれたことがシーア派の性格を決めたことに気づく。カリフの地位を独占し、ダマスカスを首都として八世紀にはイベリア半島を支配するほど版図を拡大していったウマイヤ朝に対して距離をとる少数派としてシーア派は先鋭化していくのである。

現在、シーア派の総本山というとイランとなるが、一六世紀にペルシャを基点とするサファヴィー朝がシーア派を国教としたことに由来する。その後、一六〜一七世紀に二度もウィーンを包囲して欧州を震撼させたオスマン帝国はスンニ派であり、ペルシャのサファヴィー朝と中東を二分する歴史を積み上げるのである。イラン革命によって帰還したホメイニ師も、シーア派イスラムの第七代イマーム・ムーサーを祖とする「サイード」（預言者ムハンマドの血を引く家系）の家に生まれたという。

イランについては踏み込んで認識しておくべきことがある。サファヴィー朝は一五〇一年から一七三六年まで二三五年間も続いたペルシャの王朝で、前記のごとくシーア派イスラムを国教としたわけだが、初代のシャー（ペルシャ語の尊称で「王」「支配者」の意味）となったイスマーイール一世はトルコ系民族の出身であり、さらに一三世紀にはモンゴルの侵攻を受け、モンゴル人族長とその子孫がイスラム化してペルシャに住み続けるなど、正に人種の十字路であった。したがって、ペルシャという概念は、民族や王朝の継続性からくるのではなく、地理と言語と宗教による概念なのである。

一五八七年にシャーに即位したアッバース一世の時代が、サファヴィー朝ペルシャの黄金期であった。テヘランの南三五〇キロにあるイスファハーンに首都が置かれていたが、この街を訪れた人は、壮大なキリスト教の大聖堂に驚かされる。国際交易に熱心だったアッバース一世はアルメニアのキリスト教徒を連れ帰り、絹貿易などに従事させていたが、その貢献を評価してキリスト教の大聖堂を建てたのだという。宗教的寛容という気風が存在していたということで、イギリス人顧問を雇ったり、中国の使節を歓迎したり、イスファハーンは一大国際都市だったという。

シーア派・スンニ派という意味で微妙なのがイラクという存在である。イラクにはシーア派の聖地ナジャフ（第一代イマーム・アリーの廟地）があり、現在のイラクの人口の六割はシーア派といわれる。そこに、第一次世界大戦後のオスマン帝国の解体以後、欧州列強による人為的な国境線が引かれ、人口的には少数派のスンニ派主導の政権が、サダム・フセイン体制という形で十数年前まで支配していたわけで、不安定な宗教基盤の上に政治が成り立っていたといえる。改めて思えば、三井の巨大石油化学コンプレックス事業（ＩＪＰＣ）は、このイラン・イラク国境線の至近距離でのプロジェクトだったということなのだ。

大掴みに言えば、アラブ・イスラムはスンニ派で、ペルシャ・イスラムはシーア派と言えるが、中東が宗派対立の力学だけで動いているわけではない。二〇世紀以降の中東の地政学を複雑化させた要因が、石油・エネルギーの権益であることも間違いない。皮肉にも、ペルシャ湾岸の原油生産の現場が、スンニ派地域とシーア派地域の交錯ゾーンになっているのである。また、列強の思惑で二〇世紀に入ってから引かれた国境線とはいえ、一度国家体制を装備すると「国益」という形での生存欲求が増幅し、昨今のシリアやイエメンの混乱を見ると、周辺国の「国益」が相互介入をもたらし、混迷を加速させているとも言えるのである。

中東体験の総括として

このように、一九八〇年代の私は三井のサバイバルゲームに参画する形で中東に関わっていた。イラン革命の情報を追ってアメリカに、ユダヤ筋の情報を確認するためにイスラエルに、そしてアラブ筋の情報回路も視界に入れるべく、ペルシャ湾岸からカイロ、そしてイラク・トルコへ。さらに、中東問題を体系的に研究するためにワシントンのブルッキングス研究所へと活動を続けていた。そうした活動から学んだり、目を開かれたりしたことは数知れない。ここでは、中東体験から得たいくつかの教訓を整理しておきたい。

●第一の教訓：アメリカを通じてしか世界を観ないことの限界を知ること

アメリカの中東地域政策の歴史は失敗の連続であり、短期的利害に基づく選択が常に新たな火種を生み出す構造になっていることを正しく認識しなければならない。振り返れば、中東を歩き回っていた一九八〇年代、私はアメリカの中東での失敗を目撃していたことになる。

一九七〇年代にわが世の春を謳歌していたイランのパーレビ体制を支えていたのは、イランを「中東の警察官」に育てようとしたアメリカだった。六八年にイギリスがスエズの東を去って以降、湾岸に覇権を確立しつつあったアメリカだが、ベトナム戦争に手間取り、中東に展開する上で、イランのパーレビ体制に過大な期待をした面もあった。

その思い入れが一九七九年のホメイニ革命で脆くも崩れ去った。直後に、パーレビ国王のアメリカ亡命に反発したイスラム法学校の学生らの手でテヘランのアメリカ大使館が占拠され、大使館員らが人質となった。アメリカは航空母艦をペルシャ湾に展開し、武力での救出作戦に乗り出したがそれにも失敗した。人質が解放されたのは占拠から四四四日目のことだった。

一連の出来事は、アメリカに、特にペンタゴン（米国国防総省）に、イランへのトラウマと言ってもよいような傷を残した。一九八〇年代に、アメリカのさまざまな人々、米政府関係者や大使館員、中東研究家などと向き合った私は、彼らからイランに対する憎悪にも近いような空気が漂っていることを感じた。

そのアメリカが接近したのがイラクだった。イラン・イラク戦争を戦うイラクを陰から支援し、サダム・フセインというモンスターを育て上げたのはアメリカ自身である。私がバグダッドで目撃していたのは、その最前線でのアメリカの活動だった。パラドックスと言えるが、一九九〇年代以降、増長したサダム・フセインが逆噴射してアメリカに牙を剥き、アメリカはそのモンスターの処理に追われることになる。湾岸戦争、イラク戦争への道である。自らが育てたモンスターが襲ってくるとは、ブラックジョークのような話で、アメリカの悲哀が滲み出ている。

アメリカにとってイラクは、「敵の敵は味方」という、その場しのぎの理屈で接近した相手から後に裏切られる、という構図の典型であり、その後もこの構図は今日に至るまで繰り返されている。それに気づかせてくれたのが、一九八〇年代の経験だった。

ホメイニ革命の年一九七九年には、ソ連軍がアフガニスタンに侵攻する。アメリカのCIAは反ソ勢力を支援するために、湾岸諸国からも義勇軍を送り込んだ。前述のとおり、その中にいたのがウサーマ・ビン・ラーディンだった。その結末は周知のとおり。二〇〇一年九月一一日、ビン・ラーディン率いるアルカイダが世界貿易センターとペンタゴンのビルに、ハイジャックした旅客機で相次いで突入した。これもサダムとアメリカの関係とまったく同じ皮肉な構図で、CIAが育成したビン・ラーディンは、ブーメランの如く、アメリカの心臓部に襲いかかったのだ。

さらに言うならば、今、世界を震え上がらせている「ISIS」（イスラム国）なるテロ集団を生み出すきっかけもアメリカだと言える。イラクの国民の六割はシーア派イスラムであり、サダム・フセインを支える母体はスンニ派だった。サダム・フセインを葬り去らざるをえなかったアメリカは、「イラクの民主化」という建前で民主的選挙をやり、その結果、シーア派主導の政権を作ってしまった。「民主的に」作られたシーア派主導の政権の下で、孤立を深め過激派となったスンニ派が、ISISの母体になっているのである。

中東の歴史を重層的に理解し、目の前の経済・政治的関係性からだけでなく、宗教・民族・文化など多角的な視界から見つめることの重要性に気づかせられる体験だったと言える。この三〇年間、日本政府は、湾岸戦争、イラク戦争を含めアメリカの中東政策を支持してきた。日本人の多くも、アメリカのすることに間違いはないとその無謬《むびゅう》性を妄信しがちであるが、アメリカが常に正しいわけではない。むしろ、アメリカを相対化する視界を持たない限り、誤った固定観念で世界を観ることになる。

●第二の教訓：国境線という固定観念を超えた視界で世界を捉えること

中東体験から得た教訓の第二は、世界を観るときには、国境線を越えた視界が必要だということだ。

中東問題に限ったことではないが、日本人は現在ある国境を、固定化された与件と考えがちである。特に敗戦後を生きた日本人は、サンフランシスコ講和条約によって、日本の国境が、ほぼ「鎖国期」といわれた自然の海によって国境が守られていた時代に戻ったこともあり、国境が流動的という感覚を抱かなくなった。しかし、国境は必ずしも固定されたものではない。それは歴史を振り返れば明らかである。国境線は地政学的力学の中で書き換えられ続けている。

現在の中東の国境線を基礎づけている下絵は、一〇〇年前の第一次世界大戦を背景とするオスマン帝国解体期の一九一六年、フランスとイギリス、ロシアの間に結ばれた西アジア分割に関する秘密協定、すなわち「サイクス・ピコ協定」である。ここからがイギリスの権益、こっちがフランスでここからがロシアの権益、という具合に大国の利害調整によって意図的に引かれた線が、現在の中東の国境線の元になっているのである。

中東紛争の火元となっているパレスチナに、新たな国境線が引かれたのは、第二次世界大戦後のことだった。さかのぼること三十余年、第一次世界大戦最中の一九一七年に、イギリス外相アーサー・バルフォアはパレスチナにユダヤ人の「国家」を作ることを約束した。バルフォア宣言と呼ばれる、イギリスのシオニズム支持の表明である。オスマン帝国領だったパレスチナは第一次世界大戦後にイギリスの委任統治領となり、さらに第二次世界大戦後、国連のパレスチナ分割決議を受け、一九四八年にイスラエルが独立を宣言した。しかし、分割決議に反発したアラブ諸国はイスラエル建国を承認せず、第一次中東戦争が勃発する。それが今に至るまで解決を見ない、パレスチナ問題の源であり、ここにも大国の御都合主義が見え隠れする。

中東を考えるとき、国境線は大国の利害によって引かれた相対的なものだということを忘れてはならない。一九八〇年代の中東を歩き回りながら、私はそのことを強く感じた。例えば、クルド人が置かれている状況はその象徴だ。世界に三〇〇〇万人近くの人口を有するこの民族は、世界史上、ごく短い期間の例外を除き、民族の国家を持ったことがない。現在、クルド人の多くは、トルコ、イラン、イラク、シリアなどに分散・居住し、人工的に引かれた国境線に引き裂かれた民族には、憤懣《ふんまん》と不満が潜在し、ときに爆発して秩序変更要因となる。

つまり、中東を観るときには、中東そのものの歴史に加えて、この地域を広角度に捉え、埋め込まれているさまざまな地域との相関する要素を視野に入れなくてはならない。ローマ帝国の東西分裂の時代にまで遡れば、キリスト教国である東ローマ帝国（ビザンツ帝国）が、現在のトルコを越えて、シリアやイスラエルにまで領土を張り出していた時期もあった。そうした時間軸と空間軸を視座に据えてみなければ、中東で起こっていることの本質は見えてこない。

●第三の教訓：さらにユーラシア大陸を見渡す視界を触発されたこと

教訓の三つ目は、ユーラシア大陸を見つめる地政学的視座を誘発されたことである。中東は、「世界の火薬庫」と眉をひそめられる一方で、ユーラシア大陸の下腹部という言い方をされる。中東が文明の発祥地であり、文明の交差点として存在してきたこと、そしてそこにユーラシアの地政学的力学が凝縮して投影されていること、つまり、ユーラシアという視界から中東を観ることがいかに大切かを思い知らされる体験の連続であった。

ユーラシア大陸はアジアとヨーロッパを包括する世界でもっとも大きな大陸であり、地球上の全陸地の約四〇％を占め、その面積は五四九二万平方キロメートルに及ぶ。その東端はロシアのデジニョフ岬、西端はポルトガルのロカ岬、南端はシンガポールのセントーサ島、北端はロシアのチェリュスキン岬である。南端については、シンガポールは島であるため、厳密にはマレーシアのピアイ岬とする向きもあるが、架橋で陸続きとなっているシンガポールのセントーサ島の南端には、「ユーラシア大陸最南端の碑」が建っているのである。

私は二度、ポルトガルのロカ岬に立った。そこはユーラシア大陸の西端に立ったという証明書まで発行してくれる観光名所になっている。ロカ岬から大西洋を真西に進んでいくとアメリカの東海岸のワシントンDCに行きつく。友人であるヨット好きのワシントンの弁護士が、ワシントンからヨットでロカ岬まで大西洋を横断したことを自慢していたのを思い出す。

初めてロカ岬を訪れ、ユーラシア大陸の最西端に沈む夕日を見た日の感慨は忘れられない。八世紀の前半、ロカ岬を含むイベリア半島はダマスカス（現シリア）に首都を置くウマイヤ朝イスラム帝国の支配を受けた。アラビア半島にムハンマドなる人物が登場してわずか一〇〇年後のことだ。考えてみれば驚くべきことで、ヨーロッパにはイスラム勢力に圧迫された歴史がある。このイベリア半島を配下に治めたイスラム勢力を、完全に放逐するのにヨーロッパが費やした年月は実に八〇〇年近くに及ぶ。ヨーロッパ最後のイスラム国家グラナダ王国を滅ぼして、レコンキスタ（国土回復運動）が完了したのは一四九二年のことだった。スペインやポルトガルにフラメンコなどの芸能や、装飾タイルを使った美しい建造物など独特の文化が育まれているのは、イスラムの影響であり、それはユーラシアなるものを理解するうえで大きなポイントの一つだ。

さらに言えば、先述のごとく「大航海時代」をもたらしたイスラムの影響は計り知れない。大航海時代と言うと、日本ではヨーロッパが先進海洋技術を駆使して世界へ進出していった栄光の歴史のように受け止められているが、それは真の姿ではない。大航海時代、ヨーロッパの東にはイスラム勢力であるオスマン帝国が東進を妨げる壁として立ち塞がっていた。そのため、例えば、胡椒を求めてアジアに向かうには、やむなくアフリカの南を回ってインド洋に出て行くほかなかった。それが大航海時代をもたらした原動力だった。ユーラシアという視座を持ち、ヨーロッパだけではなく、世界とイスラムの歴史と相関させることによってはじめて、そうした理解が生まれるのだ。

また、ユーラシア大陸の最南端、シンガポールのセントーサ島にも、何度となく足を運んだ。島にはレンタル自転車があって、「ユーラシア大陸最南端の碑」まで自転車でいくことができる。この碑の近くに立って沖に目をやると、中東から日本へ向かうタンカーが数珠つなぎのようになってマラッカ海峡を抜けていくのが見える。ここが中東の湾岸産油国からのタンカーが日本へ向かう、いわゆるシー・レーンの定番ルートになっていて、背中には広大なユーラシア大陸が横たわっているのだと思うと、感慨も一入《ひとしお》だった。

このシンガポールだが、南北をイスラムの国に囲まれた華人国家とも言える。南には世界最大のイスラム人口二・三億人（総人口二・六億人の八八％）を抱えるインドネシア、北には国教をイスラム教と定め、人口三〇〇〇万人の約六割がイスラム教徒というマレーシアが存在し、交易の流れに乗ってイスラム教はアジアにも浸透してきたのである。

ひるがえって日本に目をやれば、例えば、東大寺大仏殿の参道の敷石は、中央にインド産の青みを帯びた石を帯状に敷き、その両側に赤味がかった中国産の石を、その外側に朝鮮半島産の白い石を、さらに一番外側に日本産の石を敷き詰めた構造になっている。もちろん、インドから中国、朝鮮半島を経由して日本に伝わった仏教伝来の道を表している。つまり、ユーラシアという視座から観た日本という国は、ユーラシア大陸の最東部に張り出した列島であり、文明の基点たる中東からユーラシア大陸を渡ってきた風の吹き溜まりに位置する。そこに日本が背負ったある種の宿命を想わざるをえない。

さらに言えば、今世紀に入ってゲノム解析などにより、急速に進歩している生命史・人類史の視界からも、ユーラシアの中での中東の意味は再考を促されている。人類史研究においてほぼ検証されたのは「人類のアフリカ単一起源説」だが、アフリカに出現したわれわれの祖先であるホモ・サピエンスが、約六万年前にアフリカからユーラシア大陸へと移動し始めたとされる。日本列島に人類が到達したのは三万数千年前だったという。国立科学博物館が二〇一三年に「グレートジャーニー　人類の旅」として人類の出アフリカ以降の移動に関する企画展を試みていたが、スティーヴン・オッペンハイマーの『人類の足跡一〇万年全史』（仲村明子訳、草思社、二〇〇七年、原著二〇〇三年）などの人類の移動に関するレポートを読んでいると、想像力が刺激される。六万年前にアフリカ大陸からユーラシア大陸へと歩き出した人々が、最初に到達した地域は中東だったに違いない。今のパレスチナだとか、イスラエルのあたりからわれわれの祖先のユーラシアへの旅は始まったのではないか。

私たちが学校で人類史を習った頃は、人類の祖先はネアンデルタール人であるとされていた。だが、分子生物学の急速な発展によってもたらされた最近の知見では、ネアンデルタール人とホモ・サピエンス（現生人類）は別種と考えられている。さらに最新の研究によれば、驚くべきことに、両種は交配していた可能性が大きいという。現代人の遺伝子には、ネアンデルタール人特有の遺伝子が二％程度含まれているというのである（参照、『ネアンデルタール人は私たちと交配した』スヴァンテ・ペーボ著、野中香方子訳、文藝春秋社、二〇一五年、原著二〇一四年）。

人類史の最新の成果に触れて、私のイマジネーションはさらに広がる。ヨーロッパから中央アジアまでに分布していたとされるネアンデルタール人と、アフリカに出現しユーラシア大陸へ、さらにはアメリカ大陸へと広がっていったホモ・サピエンスが鉢合わせし、そして交合したとすれば、その最初の場所は、今のパレスチナやシリア、ヨルダンあたりではなかったのか。中東はホモ・サピエンスとネアンデルタール人が交合して生まれたわれわれ自身の祖先の発生の地ともいえる。

中東で繰り返される殺戮、テロ、そして憎しみの増幅を見つめるとき、ユーラシアに張り出して以来六万年を再考して「人類は本質的な意味で進歩しているのだろうか」という根源的な疑問がわいてくるのである。なぜ人類は愚かな対立を続けているのであろうか。

考えれば、三四年前に私は最初にイスラエルを訪れ、キリストが処刑されたゴルゴダの丘に建つ聖墳墓教会にも何度も足を運んだ。中東一神教を考える契機であった。ユダヤ民族の苦闘から民族宗教としてのユダヤ教が生まれ、それを母胎にキリスト教・イスラム教が生まれた。この地に二〇〇〇年前、イエス・キリストが登場して、血塗られた戦いと憎悪の地に、欺かれて磔にされながらも「原罪と愛」を語り続ける存在が現れたことをどう考えるべきなのか。芥川龍之介が『さまよえる猶太人』に書いたイエスがゴルゴダへの道でイエスを辱めたヨセフにつぶやいた言葉「行けというなら、行かぬでもないが、その代わり、その方はわしの帰るまで、待って居れよ」は重く心に響くのである。中東という地は、そこに立つ者に「自分とは何者なのか」という根源的なテーマに向かわせる何かがある。

第4章 アメリカでの一〇年

――思考のパラダイム転換

一九八七年五月、不惑を目前にした私は、米国三井物産ニューヨーク本店情報企画担当課長としてニューヨークに赴任した。ニューヨークに四年、その後、ワシントンに六年滞在することになる一〇年間のアメリカでの生活の始まりだった。

この時期、三井物産はイランで展開していたIJPC（イラン・ジャパン石油化学）から撤退し、損失を全面償却した。機会損失を含めると三井物産が失ったのは七六〇〇億円と試算された。大きな決断だった。振り返ってみれば、幸いだったのは、日本経済がバブルのピークに向かっていた時期と重なったことだ。一九八五年のプラザ合意以降の円高にも助けられ、「エクイティ・ファイナンスの最後のチャンス」と言われる局面で資金調達をして莫大な損失を償却した三井物産の経営陣は的確な判断をしたと思う。あのタイミングで撤退と損失の一括償却を決断していなければ、九〇年代に入っての「バブル崩壊」と信用収縮の中で倒産の憂き目に遭っていたかもしれない。

苦笑いだが、海外輸出保険など通産省（現経済産業省）の保険に加入していた三井物産が受け取った損失保険金は七七七億円だった。損失額の約一割といったところだが、七が三つ並ぶスロットマシーンのラッキーナンバーのような数字には何の根拠もなく、巨額すぎて保険制度が崩壊するのを避けるためだった。イラン革命後には日本政府も出資に加わり、日本の主要企業一〇〇社が投資して国家的大事業となったプロジェクトが革命と戦争によって破綻した歴史的な事件は終わった。

「衰退するアメリカ」からの復活――冷戦後という時代

三井物産の情報マンとして中東・エネルギー問題を追って世界を動いていた時代の私の歩みをガイド役として、世界認識を深める一助とすることを試みている本書のアメリカ編に入る前に、私がアメリカ東海岸で「E-1ビザ」を二回取得して一〇年間働いていた一九八七年から九七年までのアメリカの時代状況を振り返っておきたい。

私がニューヨークに赴任した一九八〇年代末のアメリカは、経済的な地盤沈下に喘いでいた。財政と貿易の「双子の赤字」に落ち込み、産業の競争力は目に見えて衰えていた。世界第二位の経済大国にのし上がっていた日本は、後にバブル経済と呼ばれる局面に近づき、八五年のプラザ合意に基づく円高の加速を背景に、「強い円」でアメリカを買い占めていた。

日本の財界人が日米財界人会議で「もはやアメリカに学ぶことは何もない」と豪語し、ソニーがコロンビア映画を買収し、三菱地所がニューヨークのシンボルであるロックフェラーセンターを買収したのはその象徴的な出来事だった。忘れた人も多いであろうが、青木建設がウェスティン・ホテルを、西武グループがインター・コンチネンタル・ホテルを買収した、そんな時代であった。

第二次世界大戦後、西側諸国のリーダーとして世界に君臨した「二大国」の一角は、「衰亡するアメリカ」に苦しんでいた。

その頃の日米の位相の変化を投影する歌が、一九八六年にチェッカーズという人気グループによって歌われた『SONG FOR U.S.A.』(作詞、売野雅勇)だった。いわば、アメリカの挽歌ともいえる曲想のこの歌は「最後のアメリカの夢を　俺たちが同じ時代を駆けた証しに　Sing for all　摩天楼霧に煙って　壊れた夢に泣いている君がいるよ」と切なく歌い上げ、もはやアメリカの時代は終わったかのごとき、この時代の日本人の深層心理を映し出していた。一方で、アメリカ側からは「日本脅威論」が吹き荒れ、ジェームズ・ファローズが「日本封じ込め」論を『アトランティック』誌に発表したのが一九八九年五月号で、「ジャパン・バッシング」という形で、日本への警戒心や猜疑心がメディアの中で盛んに論じられていた。

今としては苦笑を禁じ得ないが、『ビジネス・ウィーク』誌が一九八九年八月七日号で「アメリカにとって、ソ連の軍事的脅威と、日本の経済的脅威と、どちらを恐れるべきか」という設問の世論調査の結果として、「ソ連二二%、日本六八%」という驚くべき報告をしていたのである。

ところが、冷戦の終焉で事態は一変する。言うまでもなく、第二次世界大戦後の世界を支配していたのは、東西冷戦という名のイデオロギー対立だった。アメリカをリーダーとする西側自由主義陣営とソ連を中心とする東側社会主義陣営は鋭く対立した。世界はイデオロギーの壁によって東西に分断され、その壁は「鉄のカーテン」とも形容された。その対立は未来永劫に続くと多くの人が思い込んでいた。

だが、その思い込みはあっけなく終わった。一九八九年、ポーランドで共産党政権が失脚し政権交代したのを口火に、東欧でドミノ倒しのような社会主義政権の崩壊が始まる。一一月には東西冷戦の象徴だったベルリンの壁が崩壊し、東ドイツが消滅。九一年には、社会主義陣営の総本山だったソ連が崩壊し、冷戦は半世紀の歴史に幕を下ろした。

冷戦の終焉で新たな時代が始まった。国境を越えてヒト、モノ、カネと技術が自由に世界を動き回る時代として「世界を一つの市場とする大競争の時代」の到来が語られ、世界はフラットになっていくように見えた。人々の思考は東西冷戦からグローバリゼーションへと変容を遂げる。

冷戦の勝利者となったアメリカは、息を吹き返して世界を再びリードし始めた。「唯一の超大国となったアメリカ」「アメリカの一極支配」「ドルの一極支配」といった言葉が飛び交い、再び「パックス・アメリカーナ」とまで言われるようになった。クリントン時代のワシントンは、その高揚した気分に包まれていた。アメリカは自国利害中心主義に傾斜し始め、アメリカ流資本主義の世界化をグローバリゼーションという言葉に置き換えていった。「衰亡するアメリカ」は、いつのまにか「蘇るアメリカ」に変身したのである。

アメリカ復活の原動力の一つが、ＩＴ革命（情報ネットワーク技術革命）であったことを見落としてはならない。ＩＴ革命とは、冷戦後のアメリカが主導した軍事技術の民生転換に他ならない。その象徴であり核心はインターネットの登場である。基盤となったのは、ペンタゴンが一九六二年に研究をスタートし、六九年に完成させた、分散系・開放系の情報技術、パケット交換方式の情報ネットワークシステム、「アーパネット（ARPANET）」であった。

中央の巨大コンピュータによって防衛システムを管理する方式では、核攻撃によって中央コンピュータが破壊されると、すべての防衛システムがブラックアウトしてしまう。そのため、分散系・開放系の柔らかな情報ネットワークを構築する必要があった。その必要が母となり、今日のインターネットにつながる技術が開発されたのだ。研究がスタートした一九六二年はキューバ危機の年であり、世界は核戦争の危機に怯えていた。

冷戦時代、産軍複合体と呼ばれわが世の春を謳歌していたアメリカの軍需産業は、冷戦終焉後、軍事費縮小の影響を受け苦境に立たされた。ペンタゴンはその苦境を救うため、軍事技術であったアーパネットを民生転換させた。まずは学術ネットワークとリンクさせ、一九九三年に商業ネットワークとリンクさせた。インターネットの誕生である。

こうした冷戦終焉前後の世界の激動を、一〇年間にわたり私はアメリカの東海岸で目撃していた。一九九〇年代の半ばには、ワシントン郊外のダレス空港に向かう途中にあるタイソンズコーナー地域に雨後の筍のように、高層ビルが建ち始めた。それらはアメリカ・オンライン本社などの、IT企業のフロントラインのビルだった。私の目の前でアメリカの産業のパラダイム転換が起こっていた。こうしたアメリカの変容を目撃しながら、私の視座は静かに変わっていった。

パックス・アメリカーナの繁栄を取り戻しつつあるかに見えたアメリカは、その後、二一世紀を迎えた二〇〇一年に起こった9・11を機に、再び迷走を始める。蘇るアメリカは、「混迷するアメリカ」へと、その姿を変えることになる。

発言者としての再起動――マンハッタン五三丁目の屋根裏部屋から

第1章でも触れたが、私が雑誌に最初の論稿を寄せたのは、一九七六年の『中央公論』五月号、二八歳のときだった。当時、名物編集長と言われ敏腕を振るっていた粕谷一希さんに勧められたのがきっかけだった。

前年に、三井物産に入社二年目だった私は、長期出張で三カ月間、ロンドンに滞在する機会を得た。一九七三年のイギリスのＥＣ（ＥＵの前身としての欧州共同体）加盟を機に、三井物産も欧州各国の子会社を欧州三井物産に統合することになり、その設立準備に駆り出されての出張だった。

帰国後、日本経済研究センターの研究プロジェクトに参加し、「２０００年エネルギープロジェクト」と題する報告書の筆者に加わった。私が担当したのは日本の政治社会構造の変化についての報告であったが、その報告書を目にした粕谷さんが、わざわざ会社まで訪ねてきて、『中央公論』に何か書いてみませんか」と、声をかけてくれた。そこで、ロンドンで見聞きしたことを書き留めておいたメモと文献を元に「英国病の症状とは？」という大変短いコラムを一生懸命に書いた。それが忘れられないデビュー作となった。幸いなことに、その後も執筆の依頼をいただき、年に何度か政治変動に関する論稿を寄稿した。

一九八〇年五月号の『中央公論』に掲載された、団塊の世代について論じた「われら戦後世代の『坂の上の雲』」がさまざまなメディアに取り上げられ、若き日の私は「モノ書き」に多少の自信を抱き始めていた。しかし、ＩＪＰＣに関わることになって、アメリカや中東を動き回るうちに、国際情報の世界の恐ろしさを思い知らされて、私は沈黙し、しばらく書くのをやめた。情報のプロたちの凄まじい働きぶりを垣間見た当時の私は、自分が見聞きした異次元の世界に衝撃を受けて、薄っぺらな体験ではものを書けない、もっとじっくり文献を読み込んで、文献とフィールドワークを元にしっかりと思索しなければ、価値のある論稿は書けないと思い、いっさい筆が進まなくなったのだった。

一九八七年五月、ニューヨークに着任した私は、マンハッタンの東五三丁目にあった沖縄料理店の「翠味（ＳＵＩＢＩ）」の入っていた小さなビルの屋根裏部屋を借り、毎夜ノートに向かい論稿に集中し始めた。私が勤務する米国三井物産のオフィスがあったパンナムビルに歩いて行ける距離であった。一年後に家族が来て、郊外のウェストチェスターに自宅を構えたが、通勤の一時間を惜しんで、ウィークデーは帰宅せずにその部屋で原稿に立ち向かった。

ネズミが出るような古いビルで、摩天楼のビル群に埋まって、小さな窓からは空も見えなかった。それでも、部屋の出口の階段に、額装した「夢」という書を飾っていた。三井物産で中国総代表を務めていた先輩が出張の折に、空港で買ってきてくれた二東三文の土産物の書だったが、好きなのをどうぞと言われ、私は「夢」の字を選んだ。ニューヨークでの新たな仕事に忙殺されながらも、自分の見たものを整理して、新しい時代認識、世界認識を踏み固めて発信する作業に向き合った。書き上げた原稿を、深夜に『中央公論』の宮一穂氏にＦＡＸし、最初の読み手である彼の手ごたえを確認し、眠りについたものである。あの「夢」という字は、今でも九段の寺島文庫の階段の踊り場で私を見つめている。

その頃、中央公論などに発表した論稿をまとめたのが一九九一年三月に東洋経済新報社から出版した『地球儀を手に考えるアメリカ――21世紀・日米関係への構想』であり、私にとっては記念すべき処女出版となった。そのタイトルに、私は二つの意味を込めていた。一つは、アメリカを主語として、「アメリカは地球儀を手にしながら世界戦略を考えている」という意味であり、もう一つは、私を主語として、「知的三角測量」という視界からアメリカを相対化して、「地球儀を手にした視界から、アメリカについて考える」という意味だった。

「知的三角測量」という視座の獲得

その「知的三角測量」という視界を拓かせる決定的な転機となったのは、一九九〇年のモスクワ訪問であった。その年、私はニューヨークの日本総領事だった英正道さんに声をかけていただいて、モスクワに行った。振り返ればソ連崩壊前夜ということになるのだが、もちろん、そのときはそれを知らない。当時のソ連はゴルバチョフ政権下でペレストロイカとグラスノスチに取り組んでいた。西側諸国はゴルバチョフのその取り組みを後押ししようと、改革開放路線をどのように推し進めるべきかをテーマに盛んにシンポジウムを開いていた。

当時ニューヨークに本部のあった「東西交流財団」が主催したモスクワでのシンポジウムであった。そのときの日本側のメンバーは、後に外務大臣も務めた衆院議員の柿澤弘治氏と、

OECD（経済協力開発機構）政府代表部大使を務めていた小和田恆氏だった。柿澤氏が政治の、小和田氏が外交の、そして私が経済産業の専門家として末席に加えられた。ご存じのとおり、小和田氏は皇太子妃のお父上となった人である。

三日間にわたるシンポジウムで、私はEU代表としてシンポジウムに参加していたオランダ人のドリース・ファン・アフト氏の知己を得ることができた。ファン・アフト氏は一九七七年から五年間にわたりオランダ首相を務めた政治家である。彼は切れ味のよいジョークと視界の広さで、参加者の心を捉えており、「こういう人を国際人というのだな」という印象であった。彼との出会いは、その後の私に大きな影響を与えた。彼によって、私は、当時本気で向き合っていたアメリカを観る新たな視点を示唆され、それは視座のパラダイム転換へとつながっていった。

ファン・アフト氏に、私はアメリカで情報活動をしている日本の商社マンだと自己紹介した。血気盛んだった私は、自分がいかに深くアメリカに入り込もうとしているかを、熱心に説明したと思う。そんな私にファン・アフト氏は極めてクールに言い切った。「本当にアメリカを理解し、その懐に切り込んでいこうと思うなら、もっと欧州に足を運ばなければダメですよ。欧州からの目線で観ないと、アメリカの本当の姿は見えませんよ。アメリカに深く入り込んだからといってアメリカがわかるわけじゃない」

目から鱗が落ちるとはこのことだった。アメリカに来て、必死でその真の姿を知ろうとして這いずり回っていた私は、その言葉により、新たな啓示を受けた。敗戦国日本に生まれ、アメリカの背中を追い必死で復興に汗を流す父の世代を見て育った私たちにとって、アメリカは絶対的な存在だった。しかし、欧州から見ればアメリカは違った姿を見せる。ニューヨークはかつてニュー・アムステルダムだった。それはこの地がオランダの植民地であったことを示している。同じように、かつてアメリカを支配していたイギリスから見たアメリカも、独立戦争を支援したフランスから見たアメリカも、それぞれ違った景色を見せる。日米の二国間関係を追い続けているだけでは、アメリカの真の姿は見えない。

これは、日米に限ったことではない。例えば、日中を考えるとき、アメリカからの視点は不可欠だ。日露にしても、日韓にしても同様である。後に、私が「知的三角測量」と名付けたその思考法は、このときにその産声をあげたと言っていい。

私は今、岩波書店の『世界』に「一七世紀オランダからの視界」という論稿を長期にわたり連載しているが、この作品は、ファン・アフト氏の示唆を私なりに育んできたこの四半世紀の集大成と言ってもよい。それほど、ファン・アフト氏が私に与えた影響は大きかった。その後、ファン・アフト氏はEUのワシントン駐在大使という立場で、ワシントンに赴任、ちょうど私のワシントン在勤期間と重なり、パーティで出会ったり、何度となく面談の機会を得た。

日米共同プロジェクト研究会の意味

ファン・アフト氏との出会いとともに、アメリカへの理解を深める意味で、もう一つ、重要な役割を果たしてくれたのは、「日米共同プロジェクト研究会」への参画だった。当時、日本で先進的な研究が進んでいた磁気浮上式鉄道技術（つまりリニア）を北米の交通システムとして輸出しようと考えた日米連携プロジェクトの研究会である。『中央公論』などに日米関係についての論稿を書くようになった私は、ニューヨークの日本人社会でも、例えば日本倶楽部やジャパン・ソサエティなどといった団体の会合で、講演や講話の機会を与えられるようになった。それが縁で知己を得た日本人ビジネスマンたちと、「日米共同プロジェクト研究会」を立ち上げたのである。

きっかけは、『中央公論』に書いた日米の協力・連携についての論稿だった。それを読んだ、住友金属工業ニューヨーク事務所長だった加藤幹雄さんと、日本長期信用銀行ニューヨーク支店長だった平尾光司さんが、「日米連携をわれわれで実現しよう」と声をかけてくれた。加藤さんは「百万本のバラ」などで知られる歌手、加藤登紀子さんの実兄で、住友金属の副社長を務めた後、父上が創業された京都の老舗ロシア料理店「キエフ」のオーナーとなっている。平尾さんは長銀副頭取の後、専修大学教授、昭和女子大学理事長などを歴任した。二人は一橋大学の同期で、私より一〇歳近く年長の「六〇年安保」の世代だった。この二人の志の高い幹事の下で、私は事務局的役割を引き受けることになった。あの頃のニューヨークに拠点を構えていた日本企業の支店長たちは、私より一回り以上も年長の世代であったが、少年期に敗戦を迎え、六〇年安保に向き合った世代であり、戦後の日米関係を見つめてきた人たちであった。それゆえに、バブル期の日本経済を背負い、日米の新たな関係を真剣に考えようとする問題意識が高かった。私は先輩たちに大いに啓発された。

研究会にはニューヨークに拠点を置く二五の企業が参加した。今は磁気浮上式鉄道技術はJRのリニアモーターカーだけになったが、当時はJALもHSST（High Speed Surface Transport）の研究を進めていた。研究会のメンバーはニューヨークからわざわざ日本に出張し、名古屋でHSSTに試乗したり、ドイツのトランスラピッドの視察に行ったりと、実に行動的に活動した。

研究会が具体的に検討したのは、ニューヨークとピッツバーグの空港とダウンタウンを結ぶ交通システムに日米共同で磁気浮上式鉄道システムを導入することだった。結果的に、プロジェクトは計画どおりには実現しなかったが、実現を目指す過程で得た人的ネットワークは、私がアメリカという社会を深く理解するうえで貴重な基盤となった。ピッツバーグの経済界の人々、月着陸船を設計したグラマン社のエンジニア、ワシントンの運輸省の交通行政の専門家、日米連携に関心を抱く米上院下院の議員らと親交を深めることができた。具体的プロジェクトを通じて、アメリカがどう動いているのかを実感し、ワシントンや米国内地域ごとの意思決定メカニズムを理解する機会にもなった。

この研究会の会合は、ダウンタウンの長銀のニューヨーク支店で行われることが多く、あの９・11の同時テロで崩壊させられた世界貿易センターの隣のビルによく通った。会議室の窓から自由の女神が見える素晴らしい眺めのビルであった。世界貿易センターがＮＹ・ＮＪポートオーソリティ（港湾公社）という港湾・空港を一元管理する機関が所有するビルであることを研究会活動で知り、何度も打ち合わせで足を運んだ。その十数年後に、９・11のテロで崩れ落ちていくあのビルの映像を見たときの衝撃は大きかった。

湾岸戦争という危機

ニューヨークでの活動が三年を過ぎた頃、中東で大事件が勃発した。一九九〇年八月、イラク軍のクウェート侵攻である。自らが育てたサダム・フセインの暴挙に、ブッシュ米大統領は当惑する。パパ・ブッシュの時代の話だ。一方のサダム・フセインは、アメリカはクウェート侵攻を容認すると高を括っていた。しかし、ブッシュは、イギリスのサッチャー首相に尻を叩かれ、全面撤退を求め武力行使も辞さないとする全面対決の方向に舵を切る。クウェートとサウジアラビアの国境を挟んでイラク軍と有志連合（多国籍軍）が睨み合い、湾岸はいつ開戦となっても不思議ではない緊張に包まれた。その状況は湾岸危機と呼ばれた。

湾岸でのイラクの暴発は日本にも深刻な影響を及ぼした。石油が貿易国日本の命綱であり、湾岸の緊張は日本経済の不安定に直結するのは当然だが、それだけではなかった。イラクでとんでもないことが起きた。フセインが、在クウェート外国人をイラクに連行し「人間の盾」とすると宣言したのである。人間の盾には邦人も多数含まれ、日本では大変な騒ぎとなる。国会議員だったアントニオ猪木氏が人質解放交渉のためにイラクに乗り込むというような出来事もあった。そのような状況の中で、日本政府は「国際社会」から、多国籍軍への「貢献」を求められた。

日本政府は同盟国アメリカに求められるまま、多国籍軍への資金協力を行い、国際社会に対する責任を果たしたはずだった。だが、「日本は金を出すだけで血は流さない」という批判の前に、思考停止に陥る。国内では「国際国家としては、金だけではなく軍事的にも国際的共同行動に協力すべきである」という議論が幅を利かせ始め、憲法や自衛隊法を改定してでも、国際社会の平和と安全を守る戦列に参加すべきだという「時代の気分」が醸成されつつあった。

ニューヨークから湾岸危機への日本政府の対応と日本での議論を注視していた私は、こうした動向に強い違和感を覚えるとともに大きな疑問を感じた。その違和感と疑問に突き動かされ、湾岸危機に際し日本人の進むべき道についての論稿を書き上げ、その原稿は『中央公論』の一九九〇年一二月号に「日本人は米国と中東の本当の関係を知らない」のタイトルで掲載された。

私の論考の基本的問題意識は、「アメリカの正義の戦争」に関する疑問であり、日本としては憲法九条を持つ国としての矜持を持ち、「力の論理」の誘惑を断ち、軍事行動に参加するのではなく、中東に対する日本らしい貢献をする「第三の道」を模索すべきだ、ということだった。論文掲載直後の翌九一年一月、ついにイラク制裁のための湾岸戦争開戦の火蓋が切って落とされた。

結局、この湾岸戦争に、日本は多国籍軍支援という名目で九〇億ドル、周辺国援助を含めて総額で一三五億ドル、当時の為替レートで実に一・二兆円もの資金を拠出した。この資金がどう使われたのかは、今日でも「現代史の謎」となっており、これだけの巨額の貢献にもかかわらず、戦争終結後に「感謝も評価もなされなかった」というトラウマの原因にもなり、「金だけの貢献ではだめだ、人的貢献、軍事的貢献が必要だ」という、その後のイラク戦争への自衛隊派遣、そして「集団的自衛権、安保法制整備」につながる契機にもなった。

あのとき、自分はどう考えていたのか。ここに、そのときの論稿の内容を、一字一句修正せずに、再掲しておきたい。この論文は「中東から――中東と米国、そして日本の選択」とタイトルを変え、『地球儀を手に考えるアメリカ』にも転載した。

日本人は米国と中東の本当の関係を知らない

『中央公論』一九九〇年一二月号掲載

中東と日本――日本が不思議に見える瞬間

中東の夏の暑さはものすごい。すべての思考を蒸発させてしまう。一九八六年の夏であった。クウェートで、ホテルの窓からすぐそこに見える情報省に行こうと「歩いてどのくらいかかるのか?」と従業員に尋ねると「一五分位でしょう。でも、車で行った方がいいですよ」とニヤリ。体力には自信があり、あえて往復三〇分の歩行に挑戦したが、思い知らされた。摂氏四〇度を超す暑さで、しかもカラカラに乾燥しているため汗などは発散してしまうせいか、眩暈《めまい》がするほどの疲労感。とくに、日本人が出入りするような近代的建物や車の中は冷房が徹底しているため冷暖の差が激しく、エアコンに慣れて軟弱になったわれわれでは、この温度差の繰り返しによってまず体調がおかしくなってしまう。それは、中東への日本の関わり方のなまくらさを象徴するような体験でもあった。

日本と中東の関係は、「石油」に集約される。八九年度、日本は石油需要の七二％、一次エネルギー全体の四一％を中東に依存している。これは、先進工業国の中では、とくに高い依存度である。米国は、エネルギー供給源では、一時ほど徹底してはいないが確実に中東依存を低めており、八九年時点では、わずかに石油需要の一三％、一次エネルギー全体の三％しか、中東には依存していない。七九年の石油価格の統制解除による省エネルギーの浸透、国産原油の供給増、さらには、メキシコの国際収支悪化に伴う原油引き取り増などにより、八〇年代央には、米国は「北米エネルギー自立構想」をほぼ達成した形になっていた。その後、石油価格の軟化を背景に、米国内資源を温存して輸入石油を増やした方が有利との意図もあって、米国の石油輸入とくに中東からの輸入は増加に転じたが、それでも皮肉なことに、中東に対し、なんらの軍事的プレゼンスも持たない日本がエネルギーの点では、はるかに中東に依存する存在になってしまった。

日本のエネルギー需給そして経済的安定が、中東地域の安定に大きく左右されるという構図は、一九七三年の石油危機以来まったく変わっていない。八〇年代に入り、世界の石油需給が緩和され、「石油危機」は、遠い記憶となった感があったが、中東に変事があれば、瞬時に事情は変わってしまうわけで、イラクのクウェート侵攻は、そのことを実証した。サウジアラビアが、ペルシャ湾側からの原油の積み出しに関し、イラン・イラク戦争によるホルムズ海峡封鎖の危険を懸念して紅海側のヤンプーへ抜けるパイプラインを完成させた（八一年）こともあり、ペルシャ湾を通る石油の約半分は、日本向けである。

中東原油への依存にもかかわらず、中東で暮らす日本人と話をしても、「この国が好きだ」とか「長く働いていたい」という人間は、あまり存在しない。他の地域では、その土地を「第二の故郷」として惚れ込んでいる日本人にお目にかかるのだが、それがいない。奇妙なほど、経済だけが突出した関係として、日本と中東の関係は成立しているのである。八〇年代、ＯＰＥＣが価格カルテルとしての機能を喪失させて石油市況が軟化し、中東産油国の経済状態が悪化してくると、日本の中東への関心は急速にしぼんだ。この事実こそ日本と中東との関係がなんであるかをもっとも雄弁に語るものであろう。

中東のどんな街にも、日本製品はあふれている。にもかかわらず、日本の存在感は稀薄である。中東を訪れるたびに、とくに注意して、現地の新聞に日本に関するどんな記事がでているかを調べてみた。ときどき、通信社の東京発の情報が載っていたが、それとても、「東京の病院で男女を生み分ける技術が開発された」という類いの、どうしてこんな記事がと首をかしげるような社会ネタか、天災地変の類いの記事で、とても日本の政治・経済・産業・国民生活などの動きを的確に報ずるものではない。なぜ、日本の存在感がかくも稀薄なのか。むろん、地理的な距離の問題もあるし、歴史的な関係の浅さもあるだろう。しかし、冷静に考えてみるならば、日本側の要因として二つの点があることに気づく。

一つは、日本があまりに「幸福な国」になってしまったため、「問題や事件」を報道するマスコミの対象になることがほとんどないということである。中東の国をまわっていると色々な局面（例えば企業や学校など）で日本の現状を説明してくれという依頼を受けた。日本経済の欧米と比較しての良好なパフォーマンスを説明し、あえて問題があるとすれば、輸出が多すぎて外国と貿易不均衡問題を抱えている点であろうと話をしたところ、信じられないという顔をされた。また、国内の深刻な民族・宗教対立もなく、現実感覚からいって、近隣の国と軍事的衝突の可能性があるわけでもなく、政権は、三五年以上にわたり保守政党が維持され、徴兵制もなく、クーデター、革命の可能性も現実的でないと説明すると、これまた「そんな国がこの世にあるのか」といった反応を受けた。社会問題があるとすれば、豊かさの中で育った世代が、社会的価値・規範を見失い、弱者に暴力をふるう「いじめ問題」や「教師の暴力」に象徴される教育の荒廃が存在すると冗談半分に話したところ、「そんなことが問題になるのか」とのため息が返ってきた。革命、動乱、戦争の中に生活している中東の国の人々にとって、信じ難いほど平和で繁栄している国が日本なのである。中東的日常からすれば、日本は、報道すべきニュースを持たない国なのである。

もう一つの点としては、日本の存在感のなさは「主張すべきことを持たない日本の無表情」

に由来するものであることも認めざるをえない。つまり、経済モノカルチャー、それも加工製品の優秀さにおいては、ありすぎるほどの存在感を持っているのだが、日本および日本人が何を信じ、何を実現しようとしているのか、欧米の亜流ではなく、いかなるビジョンと思想を持っているのかについてはまったく伝わっていない。知日派のアラブ人ジャーナリスト、U・D・カーン・ユスフザイは、次のように述べる。「日本人は神を信じているのか、いないのか、非常に曖昧なようである。まったく神を信じていないのかと思うと、元日には神社に初詣をしたり、葬式には仏教の僧侶にお祈りをしてもらったりしている。そういう意味では、きっと神を信じているのであろう。しかし、『あなたはどんな信仰をお持ちですか?』と問うと『いや、何も信仰していない』と答える人がいる。どうもたいして、信仰は問題とはならないようである。中東では違う。信仰があるかないかはもっとも大切なことである」(『私のアラブ・私の日本』より)。

いうまでもなく、中東は世界の一神教の原産地である。ユダヤ教・キリスト教・イスラム教という三つの宗教は、その根底に『旧約聖書』を置き、根を一にするものである。単純化して言えば、旧約にタルムード(口伝の注解)を中心に置くのがユダヤ教、旧約(律法)に『新約聖書』を加えたものを教典とするのがキリスト教、旧約を基盤に預言者マホメットによって啓示されたコーランに規範を置くのがイスラム教である。一神教は、良い意味では強い自己確信を持ち、悪くいえば異信教に対する妥協なき不寛容を示す。その意味で、どうしても日本の多神教的状況とは根源的な違和感があることは否定できない。

日本人からすれば、例えば、今回のイラクのクウェート侵攻をめぐる動きの中で、すぐに「アラブ・イスラムの大義」が語られたり、米国を中心とする多国籍軍の潜在心理に、イスラムに対する「キリスト教十字軍」が登場することは、容易には理解できない点である。しかし、こうした意味での日本の存在感の稀薄さは、中東での軍事的プレゼンスを持たないことと相まって、この地域での宗教的・民族的対立の外にいられるということでもあり、この点が米国の中東への関わりとはまったく異なる。

米国の中東戦略——石油とユダヤ

米国の中東への登場は、第二次大戦後にすぎない。それまでの六〇〇年近くの主役はトルコ(オスマン・トルコ)であり、二〇世紀に入ってからはウィルヘルム二世の掲げた3B政策(ベルリン・ビザンチン・バグダッド)のドイツ、さらに3C政策(カイロ・ケープタウン・カルカッタ)のルート上に中東を位置づけた英国が加わった。第一次大戦後はもっぱら英国が主役であった。米国と中東との関わりを再点検してみて気づくのは、米国がパックス・アメリカーナの時代を謳歌した「黄金の五〇〜六〇年代」にしても、米国が中東に積極的プレゼンスや戦略を持ったことはなく、常に及び腰であったという点である。

より厳密にいうならば、米国が中東に軍事的なプレゼンスを持ち始めたのは、英国軍のスエズ以東からの撤退と裏腹であった。一九六八年、英国ではウィルソンの労働党政権が財政難を理由に「七一年末までにスエズ以東からの撤退」を決定した。このとき、米国は、英国の中東地域からの撤退にむしろ反対であり、中東の安定を維持する軍事力が真空化して米国への過大な役割期待が高まることを懸念していた。七〇年代に入って、ソ連への対抗上、インド洋、中東へ関心を高めていくが、それでも米国は、中東に対し直接的な軍事的プレゼンスを持つことに慎重であった。七〇年一一月、ニクソン政権下で、とくにペルシャ湾岸での、ソ連の支援を受けたアラブ急進主義の拡大を防ぐため、「二つの支柱政策」(Two Pillars' Policy) が採用されたが、これはイラン(パーレビ王朝)とサウジアラビアの軍事力を強化させ、地域安定の二つの支柱としていこうというものであった。事実、パーレビ王朝崩壊の七九年までの一〇年間に米国は、イランに対し約二〇〇億ドルの武器を売却し、シャーの軍隊は「ペルシャ湾の警察」を自認してはばからなかった。つまり、米国自身は第二次大戦後の最盛期においてさえ、バーレーンに、わずか三隻の駆逐艦・フリゲート艦からなる中東艦隊を置くのみで(七九年のイラン革命後は五隻に増強)それほど大きな軍事的プレゼンスを湾岸地域で持たなかったのである。

ところで、今日に至るまで、米国が中東に関与する要素は、つまるところ石油とユダヤ問題であった。すなわち、米国の中東政策は、一つには米系石油メジャーの中東での動き、二つには、一九四八年のイスラエル建国以来の米国内ユダヤ人勢力の影響力との相関において決定されてきた。しかし、この「アラブの石油」と「イスラエルの安全」の両立は、突き詰めれば二律背反であり、米国の中東政策は常に本質的矛盾をはらんでいるのである。

石油に関し、米国が中東に参入したのは、第二次大戦以前の一九三〇年代初めであった。当時、トルコを駆逐した英国の保護領となっていたバーレーン島の石油採掘権を手にいれたニュージーランド人の鉱山技師フランク・ホルムズから、ロックフェラー財閥のソーカル（カリフォルニア・スタンダード石油）が、米国資本の参入を嫌う英国を欺くかのように、英連邦の一員たるカナダ籍の子会社を経由して採掘権を入手、一九三一年五月に湾岸第一号の油田を発見した。中東石油における英国独占体制の一角を切り崩したのである。翌一九三三年、ソーカルはサウジアラビアの採掘権をも得て、アラビア・アメリカ石油会社（アラムコ）を設立、湾岸石油への布陣を強めていった。

一九五一年のイランによる石油資源の一部国有化を嚆矢とするが、七〇年代は、七二年のイラク石油の国有化、七三年の湾岸諸国の二五％資本参加、イランの全面国有化、さらに七九年以降の中東・南米・アフリカにわたる石油全面国有化の波の中で、石油メジャー（国際石油資本）は大きく後退した。一九七〇年に世界の原油生産の七五％を押さえていた石油メジャーは、八〇年には四五％に、さらに八九年には二六％にまでシェアを下げている。石油メジャーのうち、米国系は、エクソン・モービル・シェブロン（旧ソーカルで八四年にはガルフを買収合併し改名）・テキサコであるが、この米系メジャーだけで、七三年の石油危機までは世界の石油生産の三五%を占めていたが、現在は一二%にまで落ち込んでいる。ただし、誤解してならないのは、石油の精製、製品の販売においてはメジャーは依然として高いシェアを持っており、例えば米系のメジャーは世界の精製の二〇%、販売の二五%を握っている。つまりメジャーは、石油生産国の国有化攻勢に対し、川下(精製・販売)に重点をシフトしたわけであり、生産地中東から一歩距離をとったのである。

七〇年代末、カーター政権期の米国は、中東で大きな転機を迎えた。七五年のベトナムでの敗北以後、地域紛争に巻き込まれることを極度に嫌う「ベトナム・シンドローム」を背景に、米国は中東でも後手に回り続けた。その象徴がイラン革命であり、米国のペルシャ湾岸の「二つの支柱」の一つがあえなく崩れ去った。ちょうどブレジネフ政権下のソ連の対外攻勢が続き、日本でも唐突に「地政学」などというジャンルがもてはやされ、ハートランド(ソ連の中心部)から中東へのソ連の南進の必然性が議論されていた。事実、七四年エチオピア革命、七八年南イエメン親ソ政権誕生、七九年アフガン侵攻と、ソ連の攻勢が目立ち、イラン革命も加わって、「ハートランドと対立するシーパワー(海洋パワー)米国の劣勢」という構図が説得力をもっているように思われた。

一九八〇年一月の年頭教書で、カーター大統領は弱腰外交への批判に応えるかのようにペルシャ湾に関し、「カーター・ドクトリン」を発表した。「ペルシャ湾地域を支配しようとする外部勢力の試みには、米国のバイタルインタレスト(死活的利益)への攻撃と見なし、撃退する」

というものである。当然、これはソ連を想定したもので、一般には、米国の海外派兵主義の復活（レーガンに引き継がれる対外強硬路線の再生）と評価されるが、現実に採られた政策は、「オーバー・ザ・ホライゾン・ポリシー（ＯＨＰ）」すなわち、水平線の彼方から監視活動を強め、有事の場合には急行して攻勢に転ずるというものであった。事実、七九年末から、二空母戦闘群にペルシャ湾地域を準常駐パトロールさせる体制をとり、緊急派遣軍などを創設した。レーガン大統領になって、米国は一時期、レバノン（ベイルート）の混迷に突っ込む形で派兵したが、米大使館爆破、海兵隊基地爆破等で手痛い犠牲を余儀なくされた結果、八四年にレバノンから撤退、中東地域から一定の距離をとり水平線の彼方から監視する戦略を徹底させる形をとった。

八〇年代米国の中東戦略は、このＯＨＰ戦略下でのバイタルインタレスト重点主義によって特色づけられる。ソ連が対外攻勢の余力を失ったこともあり、守るべき死活的利益を明確に確保しておけば、グレーゾーンは、放っておいても米国にとって不利益にならないという読みが出てきた。中東における米国のバイタルインタレストは、「ホワイト・トライアングル」といわれ、一にイスラエル、二にサウジアラビア、三にエジプトという線引きになる。イスラエルは、米国にとって年間三〇億ドルという最大の軍事・経済援助対象国であり、ユダヤ問題と米国との関係は、後述のとおり抜きさしならないものがある。サウジアラビアは、米国の中東における石油利害のシンボルであり、八〇年代には、空中警戒管制機（ＡＷＡＣＳ）などを供与し、一段と支援を強めてきた。エジプトについては、年間二二億ドル規模の軍事・経済援助を行い、地中海で毎年共同軍事演習を行うほどの関係である。とくに、七八年のキャンプデービッド（イスラエル・エジプト和平）の英雄サダト大統領の親米一辺倒の路線よりも、現在のムバラク大統領の「アラブへの影響力を回復していくエジプト」（例えば、アラブ協力会議へのエジプトの参加など）の路線が望ましいわけである。この三つの国がユダヤ（イスラエル）、石油（サウジアラビア）、アラブ（エジプト）という米国の中東戦略の要素を象徴するものであることはいうまでもない。

米国は、このホワイト・トライアングルを固める一方で、イスラム革命後のイランのイスラム原理主義の拡大を抑える意図もあって、八四年一一月の対イラク国交回復以後、イラクに対し肩入れしてきた。とくに、穀物による食料援助が主力で、農務省の穀物輸出促進スキームであるCCC（Commodity Credit Corporation）の保証で、八五年以降、年間六〜七億ドル、八九年までに一七億ドルも供与してきた。経済封鎖中のイラクで、今日でもUSAマークの袋に入った小麦、米、コーンが出回っているという皮肉な結果をもたらしているのである。

こうして、中東との関わりを整理してみると、米国が中東を制御しえたときなどなく、当惑と失敗の連続であったとさえいえる。それでも、この地域に関わらざるをえないポイントは、再言するまでもなく、石油とユダヤの「呪縛」である。呪縛というのは、自らの体質に由来するものであることが多い。例えば、石油についても、現在の米国のエネルギー多消費、とくに石油の六割強を占める輸送（主としてガソリン）での多消費が問題なのである。英『エコノミスト』誌（九〇年八月二五日号）は、「米国が日本並みのエネルギー使用効率であれば、米国の石油使用量は、現在の一六六〇万ＢＤではなく、九二〇万ＢＤに過ぎないだろう」と論じたが、米国自身の努力によっては、約八〇〇万ＢＤの輸入原油を、ほぼゼロにすることもできるのである。先述のごとく、すでに米国は石油需要の一三％（石油輸入の二五％）程度しか中東に依存していない。しかし、一国でＯＰＥＣの生産量の七割を消費する体質を改めないかぎり、米国が中東の呪縛から解放される可能性は少ない。

ユダヤ問題のグローバルな連鎖性

一九八五年の秋、私はワシントンＤＣのスミソニアン研究所のウィルソンセンターのセミナーで、日本と中東との関係について、若干の報告を行った。私の中東関連の活動を総括する意味で準備した話を終えると、顔色をかえたユダヤ人らしい質問者の手が次々とあがった。私が語った中東における日本の特殊な立場に関する見解、すなわち「日本は中東地域のいかなる国と軍事的対立をしたこともないし、またいかなる国に軍事援助をしたこともない。こうした政治的中立性を背景に、例えば戦争中のイラン・イラク両国とも経済的関係を維持しており、米国はこうした日本のユニークな立場を理解・尊重すべきだ」という文脈に対し、「アラブ・イスラエル紛争はどうなんだ。本来、日本は何の利害関係もないはずなのに、七三年の石油危機以降、アラブ支持にまわりイスラエルとの友好を断ち切ったではないか。日本の中立性などまやかしではないか」というのが質問のポイントであった。日本の中東政策とくに対イスラエル政策がアメリカのユダヤ人を刺激し日本に対する批判となって存在しているのである。中東問題が中東の地域問題として自己完結せず思いがけぬ方向から弾がとんでくる国際社会の複雑さを思い知らされた瞬間であった。

　ユダヤ人と日本との関係は、例えば、日露戦争のとき、日本の国債の多くを、米国・英国のユダヤ資本が引き受けたことなどもあり、歴史的には、友好的なものであった。それが、一九七三年の石油危機を機にアラブ産油国への石油依存の高さを理由に、「アラブ友好国」を宣言し、アラブ諸国の対イスラエル・ボイコットに協力する政策をとったことにより一転して冷却した。欧米における多くのユダヤ人は、「反日感情」とはいわないまでも、「目先の石油欲しさに積年の友情も裏切って、アラブにシフトした」として、日本に対する失望を隠さない。本音ベースで話をしていると「日本人は信義に厚い国民だと聞くから、仮に日本の一次エネルギーのアラブ依存度が二割を割っても、さぞかしアラブの大義を支持し続けるでしょうね」というキツイ嫌味をぶつけられるのである。

　世界にはユダヤ人が約一三〇〇万人いるといわれるが、そのうち五九〇万人が米国に生活している。イスラエルに三七〇万人、ソ連に二〇〇万人在住しており、三カ国で全ユダヤ人の八割以上を占める。とくに米国は世界のユダヤ人口の四割強が集中する世界最大のユダヤ人口国である。米国における ユダヤ人は人口の二％程度を占めるにすぎないマイノリティだが、米国在住ユダヤ人の六四％が北東部（ニューヨークに四六％）に集中し、その極端な高学歴志向を背景にしてジャーナリズム・金融・ファッション・先端技術などのいわゆる「高付加価値」分野で特異な影響力を有している。

米国には、『米国ユダヤ年鑑』記載の団体だけで約四〇〇、大小合わせると二〇〇〇以上のユダヤ団体がある。上部組織の中でも通称「プレジデント会議」と呼ばれる組織が各団体の統括機能を果たしているが、これらのユダヤ勢力の日本に対する姿勢は、単なる感情の問題を超えて、具体的な攻勢となっている。例えば、有力なユダヤ人団体の一つであるＡＤＬ（Anti-Defamation League）は、一九八七年の九月に日本へ調査ミッションを送り、日本政府・日本企業のアラブ・ボイコット（アラブ諸国による、ユダヤ系企業およびイスラエルと友好関係にある企業のボイコット）への協力実態を報告している。これを受けて、最大のユダヤ人団体ＡＪＣ（アメリカ・ユダヤ会議）は、同会議発行の“Boycott Report”で日本のイスラエルに対する姿勢を攻撃しており、ワシントン最強のロビー団体ともいわれるＡＩＰＡＣ（米イスラエル公共問題委員会）や上下両院のユダヤ系議員（注、九〇年一一月選挙後、上下両院で四一名）を通じ、「イスラエルの友好国である米国は日米貿易交渉のテーマに、日本のアラブ・ボイコット協力問題をとりあげるべきだ」との主張さえ行っている。また、八九年一一月にはロンドンで、アラブ・ボイコットと戦うためのユダヤ団体代表者世界会議が開催され、日本、韓国などがアラブ・ボイコットに協力している国として名指しの非難を受けた。

米国は、アラブ・ボイコットに関し日本とは反対の政策スタンスをとっており、例えば、七七年輸出管理法修正条項（アンチ・ボイコット法）などにおいて、米国企業がアラブ・ボイコットに協力することを禁じている。すなわち、米国企業は、アラブ諸国との貿易取引契約において、アラブ・ボイコットに関する協力を契約事項に盛り込んではならないし、もし協力を求められた場合、商務省内のアンチ・ボイコット委員会に報告する義務を負い、報告を怠った場合には罰金を払わねばならないことになる。こうしたアンチ・ボイコット法の運用においても、米国法人となっている日系の進出企業に対する商務省の姿勢は、このところ一段と厳しくなってきている。

間違いなく、米国の中東政策はイスラエル（ユダヤ）というファクターによって影響されてきた。しかし、米国の中東政策、即、親イスラエルと考えるのも単純にすぎる。米国在住のユダヤ人の多くは、イスラエルの国家としての存立支援という点では一致しているが、イスラエルの保守勢力（リクード）よりも労働党を支持しており、現在の保守党を中心とするイスラエル政府の政策には必ずしも賛成していない。また、ブッシュ政権は、レーガン政権ほど親ユダヤ・親イスラエルの姿勢をとってはおらず、年間三〇億ドルに上るイスラエルへの経済・軍事援助の削減問題、ソ連からの大量のユダヤ人移民問題（八九年、イスラエル七万人、米国四万人）、さらにはイラクがクウェート撤退の条件として持ち出したイスラエル占領地域問題などをめぐり、隙間風が吹き始めている。九〇年一〇月一二日の国連安保理事会では、エルサレム聖地でのパレスチナ人暴動の鎮圧に当ってのイスラエル軍によるパレスチナ人一九人の射殺に対し、イスラエル非難決議が採択されたが、米国が穏健派アラブの離反を恐れて賛成に回るという驚くべきことが起こった。米国とイスラエルの愛憎入り乱れた関係については、九〇年秋に出版されたワシントンの中東専門家J・スター女史の著作『ガラスごしのくちづけ』(*Kissing through Glass*)に明快に分析されている。

九〇年代の中東——湾岸危機そして終末論的様相

エルサレムは戦いに憑かれた町である。異民族の征服、支配がこれほどまでに繰り返された町は、世界でも例はなく、記録によれば、紀元前一〇世紀にソロモン王がエホバ神殿を建ててからでも新バビロニア、ペルシャ、ギリシャ、エジプト、ローマ、トルコ、イギリスなどに征服され、宗教上の聖地として中東における戦渦の中心になってきた。一九八二年以来、私は四回もエルサレムに立った。何回かダマスカスゲートから足を踏み入れ、ゴルゴダの丘(聖墳墓教会)への道を歩いた。両側にアラブ人の店が並ぶ細い石造りの坂道、この道をイエス・キリストが十字架を背負って歩いたという。最初に案内をしてくれたユダヤ人の運転手が、「あんたは日本人なのにキリストなどという男になぜ関心を持つんだ」といぶかしげに尋ねた。ユダヤ教徒からすれば、キリストはユダヤ教徒の分派活動をした者（ユダヤ教ナザレ派のラビ）という程度の位置づけで、評価も関心も低い。

聖地であるがゆえに、戦いの血にまみれてきたという事実は、あまりにも逆説である。考えてみれば、その逆説こそ人類の歴史の根幹にかかわることなのかもしれない。ユダヤ教徒、キリスト教徒、そしてイスラム教徒からも「信仰の父」といわれるアブラハムが、神の命令に従って、わが子イサクをいけにえとして捧げようとし（「創世紀」二二章）、イサクの子ヤコブが天使（神）と格闘をしたといわれる「岩」の争奪を巡る戦いの場がエルサレムであった。旧エルサレムのわずか一キロメートル四方の中に、ユダヤ教の聖地である「嘆きの壁」（ヘロデ王の神殿の外壁で、ユダヤ人が神殿の破壊とバビロン捕囚などの運命を嘆いて、民族の歴史伝承のシンボルとしてきた）、キリスト教聖地である「聖墳墓教会」（キリスト処刑の地に建てられた教会）、イスラム教の聖地である「岩のドーム」（マホメットが、ここから白馬に乗って昇天したといわれる先述のアブラハムの岩の上に建てられたモスク）が存在し、この地域の支配をめぐって争いが絶えたことがないのである。

このエルサレムを「台風の眼」として、中東は新たな変動の嵐に巻き込まれつつある。九〇年代の中東は、終末論的様相を帯びつつあるという観もある。今日の湾岸危機も、九〇年代中東の先行指標的動きと位置づけるべきなのであろう。幾つかの理由で、中東の変動エネルギーは臨界点まで高まってきた。一つは、言うまでもなく、冷戦の終焉である。米ソ超大国が冷戦型秩序を形成し、地域紛争を管理できる時代は終わった。体制イデオロギーによる統合が困難になったとき、その谷間の地域で、民族・人種・宗教などの要素による秩序変更の動きが活発化しているのである。二つは、軍事大国の思惑に基づく武器の供与によって、中東の武装化が急速に進んできたことである。過去一〇年間の世界の武器貿易の約六割が中東向けである。イラクが保有しているという兵器のリスト（「全資料イラク軍事力の全貌」『中央公論』一九九〇年一一月号所収）をみると、よくも各国がこれだけの兵器を売り付けたものだと驚かざるをえない。イラクのフセイン大統領を「中東のヒットラー」と呼ぶならば、彼をしてそこまで増長させたものは誰なのかを正しく見極める必要があろう。

よく中東は「世界の火薬庫」だといわれる。それでなくても複雑な利害がからみあっている危険地帯に寄ってたかって兵器を持ち込んでいるのだから当然である。その火薬庫も究極の状況になりつつあることを認識しておく必要がある。一九八七年五月、イスラエルは、「ジェリコII」と呼ばれる中距離ミサイルのテスト発射に成功した。地中海上で射程八二〇キロメートルを出し、その後の改良で一四五〇キロメートルの射程を実現したという。以前はイスラエルがイスラエル南方砂漠のネゲブ地区で核兵器開発を進め、原爆をかなりの数保有しているというのは軍事専門家の間で語られてきた。いよいよその核を遠距離に正確に運ぶ手段を確保してしまったのである。一四五〇キロメートルというと、アラブ主要国の首都のみならずソ連の黒海艦隊の基地もスッポリと入ることを意味する。ソ連もこの事態に重要な関心を払っており、モスクワ放送（ヘブライ語）は、再三にわたってイスラエルに核ミサイル開発の中止を警告し、対抗策として親ソ圏のアラブ諸国への核配備を示唆している。一九八八年三月、サウジアラビアが中国製の中距離地対地ミサイルCSS・2型を配置したと米国が公表し、サウジもこれを認めた。射程三五〇〇キロメートル、核兵器を手に入れればいつでも核ミサイルとなりうる。イラクも九〇〇キロメートルの射程をもつ自国製ミサイル（アルアバス、アルフセイン）などの開発に成功しており、五年以内に核ミサイルの開発を目指していると伝えられる。中距離ミサイルがABC兵器（核兵器、生物兵器、化学兵器の頭文字）の恐怖を増大させるものであることは間違いないわけで、「眼には眼を」の不幸なエスカレーションの恐怖は筆舌に尽くし難い。

九〇年代中東の構図を一瞥してみても、今後一〇〇万人とも言われるソ連からのユダヤ人移民を吸収し新たな力を蓄えつつあるイスラエル、またそれへの危機感を高めパレスチナ国家建設への勢力回復を計りつつあるPLOなどパレスチナ勢力、イスラム原理主義の発信地として穏健派アラブの脅威であるイラン、「アラブ社会主義」を掲げアラブの盟主への野心を抱くバース党軍事独裁下のイラク、「大シリア主義」への夢を追いレバノンからヨルダンを含む統一国家を期すシリア、アラブ圏への影響力回復を進めるエジプト、一九二四年にメッカを追われたもののシェリフ（メッカの大守）の正統な後裔としての野望を持つヨルダンのフセイン国王など現状変更勢力には事欠かない。中東における国境線とか国家主権などは、相対的なもので、長い歴史的時間の中では、力関係によって流動するものと了解されていると言える。イラク軍事独裁政権なども強固な一枚岩のように見えるが、例えばサダム政権が倒れた場合、イラク北部の五〇〇万人のクルド族の、トルコ内九〇〇〇万人のクルド族と呼応した分離独立の動き、同じくイラク南部のシーア派九〇〇〇万人へのイラン・シーア派による取り込み画策など何が起こるかは予断を許さない。一つの現状変更要素が大きな変動をもたらす構造を視界にいれておかねばならないのである。

日本の選択——中東への適切な距離と三つのなすべきこと

九〇年湾岸危機が日本の試金石であることは間違いない。今回の事態に対し、日本の対応、日本での議論を米国から注視していると二つの点で大きな違和感と疑問を感じる。一つは、「中東貢献策」から「海外派兵論」に至るあまりにも性急な展開である。瞬く間に「国際国家としては、金だけでなく、軍事的にも国際的共同行動に協力すべきである」という議論が台頭し、「日本は憲法の奴隷か?」という言葉とともに、憲法や自衛隊法を改正してでも、国際責任としての平和と安全を守る戦列に参画すべしという「時代の気分」が醸成されつつあることに驚きを禁じえない。二つはあまりにも低次元な政府・外務省批判である。「イラク侵攻という事態の予知能力欠如」から「クウェートからの邦人の移送作戦の失敗」「侵攻当日の在クウェート大使の現地不在」に至るまでが批判の対象となっていた。しかし、これらは、味方をヤジリ倒しているようなもので、ヤジウマの溜飲をさげる効果はあっても、本質論として日本の国家戦略の在り方を真摯に問うものではない。

こうした議論にとびつく前に、少なくとも三つ、日本にはできるはずのこと、やるべきことがあるのではないか。第一に、米国、とくに米国民に対し、日本の基軸となる政策について的確な説明をすべきである。残念ながら、米国人の大部分は、日本の憲法第九条の持つ意味、自衛隊の役割、そして駐留米軍経費として日本が年間四四〇〇億円（九〇年度予算）もの負担をしている事実をまったくと言ってよいほど知らない。今回の中東危機は、日本の防衛論に対する信念体系への踏み絵であり、戦後日本がとってきた路線、これから日本が国際国家として世界に果たす役割を説明するチャンスでもある。日本は軍事力を紛争解決の手段とせず、軍事セクターよりも経済セクターを大切にすることで民生を向上させ「一億総中流」とも言える繁栄の基盤をつくりあげてきた。「国民の経済厚生も高められない国は、結局、国際的プレゼンスも保ちえない」ことを示したのが、八九年来のソ連・東欧の変動だったのではないか。自国に対する軍事攻撃には、ハリネズミのように「専守防衛力」を示すが、海外の紛争に対して決して軍事力をもって関与しないというのが、戦後日本国民の大方の決意であり、信念ではなかったのか。そしておそらく、この考え方は、将来は国連を動かし、各国をも動かしていくべき、先駆的な理念ではないのか。もし、米国に「日本は憲法と自衛隊法を口実として、世界の平和維持に対し、金だけ出すが汗も血も流さない」という対日批判があるとすれば、それは、戦後日本の国づくりの基本軸についての知識の欠如によるものか、日本自身が「米国の圧力如何では資金協力の増額も海外派兵もありうべし」と思わせるような動揺を示すことを見抜いた米国の計算によるものである。少なくとも、一定の知識と認識レベルに立った意見交換をするための土台づくりが求められる。その効果には限界もあるが、例えば、『ニューヨーク・タイムズ』や『ワシントン・ポスト』などへの意見広告も含め、日本の国家理念、とくに外交、防衛への基本的考えを米国民に的確に説明する努力が求められよう。憲法を制約とか口実として自ら矮小化するのではなく、戦後四五年の総括をかけた信念として、非軍事という原則での日本の国際的貢献を語るべきである。まず、説明不足では、議論は始まらない。私のニューヨーク、ワシントンでの実感では、こうした説明をしてもなお、「憲法改正・海外派兵」を求める人は、ほとんどいない。

第二に、日本は改めて、真剣に「省エネルギー」を国民に問うべきである。日本がイラクの不条理な行動を批判し、経済封鎖および多国籍軍に協力するという政策を選択するならば、それは、国際正義のために、自らの生活を犠牲にするかもしれないという覚悟と一対でなければならない。もし、イラクとクウェートからの原油輸入量（四三万ＢＤ）程度であればたいしたインパクトはないという認識ならばそれは甘い。たとえ戦火が拡大し中東から石油が入ってこなくても、条理を貫くために、政府も国民も、「忍耐」を覚悟するのでなければ筋が通らない。外から見ていて、日本に疑問を感ずるのは、金を払って自らの安定を守ろうとしながら、少しも自らの生活パターンを変えようとせず繁栄を享受し続けようとする態度である。「省エネルギー」そして石油に頼りすぎないエネルギー需給構造を創り出す上で、日本こそ世界のリーダーたらねばならない。七三年の石油危機後、日本もＮＥＤＯ（新エネルギー総合開発機構）などを通じ、新エネルギー開発（太陽・地熱・石炭液化・水素・風力など）の地道な努力を重ねてきている。ここで石油に過剰依存しない創造的エネルギー政策体系を確立する決意を新たにすべきではないのか。「中東イコール石油」という判断で湾岸危機を石油確保のための争奪戦としか考えられないのならば、日本も中東の呪縛に金縛りになっていくであろう。

第三に、日本の中東における独自の立場を自己確認し、イラクに対しても執拗に説得、理解させることである。そのさい、人質という手段やクウェートの主権侵害の不当性を非難し、イラク経済封鎖に協力することを明確にするだけでなく、米国とも一線を画し、「中東のいかなる国にも武器供与をせず、しかも軍事介入をしたこともない国」として、紛争の外交的解決に主体的役割を果たす用意があることを語るべきではないのか。また後発先進国として、さらには世界を敵にして戦い敗れた体験を持つ国として、率直な忠告を語るべきではないのか。米国自身にとっても、一〇〇％米国を支持するだけの友人よりもイラクに独自の回路と影響力を持ちうる友人のほうが大切である。フランスなど欧州諸国の「協調の中での個性」を注視すべきである。ミッテラン大統領は、クウェートの将来の在り方について、アル・サバー首長一族の復帰に肩入れする米国とは一線を画し、さらにイスラエルの占領地区問題もイラクのクウェート撤退と並行して解決すべきことを示唆し、イラクを交渉の舞台に引き出す努力をしている。こうした独自の行動がとれるのも粘り強い継続性が背景にあるからである。八二年の三月、ミッテランは、先進国の首脳としては初めてイスラエルを公式訪問した。彼は、元来、「親ユダヤ」の人といわれていたが、イスラエルの国会で演説し、アラブ諸国に対してイスラエルの生存権の承認を要望すると同時に、イスラエルにも、パレスチナ人の民族自決と生存権を認めるよう堂々と要求した。こうした姿勢に対し、『ロンドンタイムズ』は、次のような論評を載せた。「友人の役割は、相手と意見が異なる場合、あるいは相手がまずい振る舞いをしていると信ずる場合、相手に背を向けることなく相手に向かって考えを正直に伝えることである」(一九八二年三月五日付)。

日本では、『中央公論』一九九〇年一一月号の北岡伸一「協調の代価——手を汚さない平和はない」、佐藤誠三郎「『戦後意識』の惰性を断つ秋」という両論文に代表されるごとく、「一人前の平和国家として日本がとるべき行動は、軍事的にも協力すること」(佐藤論文)、「紛争の解決と秩序の回復という目的のためには当事者意識をもって対米協力に踏み切るべし」(北岡論文)という論調が台頭しつつある。国際国家としての責任意識を持つべしとのポイントに異論はない。ただし、国際国家として、何に対して、いかなる形で協調するかについては、日本の独自の見識と信念が必要であり、米国の中東戦略に軍事的に協力することが国際国家の資格要件だとは思えない。米国でさえ迷走を続けてきた中東地域に、軽率に関与するほど自信ある判断ができるのだろうか。冷静に足下を見れば、日本の中東での立場は、過去に軍事的プレゼンスを持ったこともなく、ユダヤ問題に揺さぶられるべきベースもなく、宗教的対立の外にいられるという特色を持つ。この立場を大切にし、中東から適切な距離をとることが、逆に果たすべき役割を浮上させるであろう。中東の人々の意向さえ踏まえぬ役割意識の肥大化は、危険でさえある。また、軍事力を持って国際紛争に参入することが、本当に日本の国際責任を果たすことなのだろうか。軍事力なき国家の限界を語ることもやさしい。また、自分は手を汚さずに平和を維持することの無責任さを指摘することも難しくない。だが、軍事力の誘惑を絶ち、軍事でない分野での国際貢献を積み上げていく中から、独自の発言力を高めていくことは、決して夢想ではない。「金か血か」という性急な選択で自己卑下していくのではなく、必ずある第三の道を探るべきである。経済協力プロジェクト、青年海外協力隊的役務協力、さらには、国連の平和維持への協力などのスキームにおいて、日本のプリンシプルに合った形での国際協力を積み上げていくことが大切であろう。「国連平和協力隊」も湾岸危機への対応という短期的パッチワークでは意味がないが、国連活動の後方支援を日本の意思において選別し、地道に展開する枠組みづくりとして具体案を熟成させるべきものであろう。問題は、こうした国際責任を、金ではなく人間を動かしても果たしていこうという試みは、全て、それを支える青年が現実にいるのかという点に帰着することである。残念ながら戦後日本は、こうした青年を育てることをしてこなかった。教育の問題もあるが、むしろこういう体験を正当に評価し、社会的に受け入れるシステムを作ってこなかったことに問題があろう。実は、「国際責任論」は、勢い込んで軍事力なき国家の限界を打破して海外に派兵すべきか否かが争点になるべきなのではなく、「日本は国際責任を果たしていない」というイメージに対し、いかなる総合戦略をもって対応していくかが問われるべきなのである。

性急な決断を迫る環境の中で基軸を崩さず誇りを持って独自の路線を説くには、しなやかなマヌーバビリティー（Maneuverability，事態制御能力）が不可欠となろう。国際国家への課題は基軸ある総合戦略に支えられたマヌーバビリティーの蓄積であり、安易に「協調の代価」を支払うことではない。

ワシントンへの転任——湾岸戦争という転機

『中央公論』への前掲の論文掲載と湾岸戦争勃発直後の一九九一年の春、私はワシントンに米国三井物産ワシントン事務所長として転任した。これは、三井物産の人事の慣例を覆す異動だった。海外での勤務の後は東京に帰るのが常識だったからだ。湾岸危機という未曽有の状況の中で、ワシントンでの情報収集に当たれ、というのが私に課された使命だった。

ワシントン事務所にて。後ろに見えるのが大統領府の建物（1992年）

三井物産のワシントン事務所の所在地は、1701ペンシルバニア・アベニューだった。米国大統領官邸・公邸であるホワイトハウスは、1600ペンシルバニア・アベニューにある。つまり、ワシントン事務所はホワイトハウスの隣のオフィスビルの一角にあった。五階の事務所は、かつて弁護士時代のニクソン元米国大統領が仕事をしていた部屋だと聞いた。元CIAの職員だったクラウザーというアメリカ人の前任者が、背伸びをしてそこに事務所を構えていた。対面には副大統領のオフィスや大統領府が入るオールド・エグゼクティブ・オフィス・ビルディング（OEOB）がその威容を誇っている。ワシントン時代の六年間、私はホワイトハウスが見える窓のあるオフィスで仕事をしていたのだった。

ワシントン転勤直後の六月八日、その窓から私は湾岸戦争凱旋パレードを目撃することになる。第二次世界大戦以来初めてという凱旋パレードでは、シュワルツコフ司令官以下八八〇〇人の兵士がワシントンを行進し、ホワイトハウス前でのアメリカ軍の戦勝宣言に八〇万人のアメリカ市民が熱狂していた。そこには、アメリカが「アメリカの力と正義」を誇示する姿が見て取れた。華やかに勝利を祝う熱狂に、私はなぜか「もの悲しさ」を感じた。そして、アメリカが中東を制御できぬまま、複雑な渦巻きに吸い込まれていく「不吉な予感」を覚えた。それが、やがて「9・11」、アフガン・イラク戦争、そして「イラクの失敗」につながることは、知る由もなかったが。

一九八〇年代後半から九〇年代にかけては、日本の企業が国際社会に踏み込んでいった全盛期だった。その先頭を走っていたのが商社だ。そして、商社にとってその時代は受難の季節でもあった。アメリカに次ぎ世界第二位の経済大国となった日本を、各地の反政府組織や犯罪集団が狙い撃ちした。被害者の多くは商社マンだった。

被害者のものとして切断された右手中指を犯人が送り付けてきたことで、世間を一時騒然とさせた三井物産マニラ支店長誘拐事件は一九八七年、解決まで四カ月を要した在ペルー日本大使公邸占拠事件は九六年の出来事だった。大使公邸占拠事件では、ペルー三井物産社長が人質となっている。

事件当時、私はワシントン筋、つまりアメリカ政府は事件をどのように見ているのか、情報を収集し本社に報告していた。ペルーの事件であっても、ワシントンの見解は大きな影響力を持っていたからだ。ことほど左様に、ワシントンは世界の政治の中心であり、重要な場所だった。

必然的にワシントンには世界のエリートが集中していた。特に「アメリカの裏庭」と揶揄《やゆ》されるほどアメリカとの関係が深い、中南米諸国からワシントンに来ている人たちには、帰任後、閣僚にのし上がっていくようなエリートが多く、会合やパーティなどで顔を合わせる彼らとの交流は、刺激に満ちたものだった。そのおかげで、私の中南米への視野は大きく開かれていった。

ワシントンには倶楽部ソサエティという言葉がある。倶楽部とは会員制のサロン（社交場）で、レストランやカフェ、バーなどにジムやプールが併設されていることもある。有名なコスモスクラブは文学、芸術、科学の分野の俊英のクラブでノーベル賞受賞者がずらりと顔を揃えている。日米開戦時の駐米大使野村吉三郎は、一八六三年に設立された伝統あるメトロポリタンクラブのメンバーだった。

ワシントンのエリートたちは、こうした倶楽部のメンバーになって、用があろうがなかろうが、ラウンジで雑談をしながら情報を収集し人脈を広げている。それが倶楽部ソサエティだ。

ワシントンで仕事をするには、適切な倶楽部に所属して、その中で交流を深めていくことが大切なのである。

ワシントン赴任中、私はホワイトハウスから三ブロックほどの所にあるユニバーシティ・クラブのメンバーになって、かなりの頻度で通っていた。そこにはプールやジムやカフェがあって、ワシントニアンたちと仕事を離れて、一緒に泳いだり、汗を流したり、ご当地フットボール・チームのレッドスキンズの話などに花を咲かせながら、親交を深めるには絶好の場所だった。そこで、例えばワシントンのロビイストや、シンクタンクの研究員、多国籍企業の戦略企画を担当しているビジネスマン、各国の外交官など、さまざまな立場の人と交流し、世界を観る目に刺激を受けた。

ワシントンでの恐怖体験——アラブ・ボイコット問題

ワシントン事務所長としての仕事は快適なことばかりではなかった。米国三井物産管下の幾つかの事務所がアメリカ当局の抜き打ち検査を受けて、貿易契約書の提出を求められた、との知らせを受けた。抜き打ち検査は珍しいことではないが、貿易契約書をすべて持って行かれたら仕事にならない。それだけで大騒ぎなのだが、時間が経つにつれ、事態は深刻の度を増していった。

貿易契約書の裏面には、裏書約款といって、虫眼鏡で見なければ読めないような小さな文字で、仔細な条項が羅列されている。例えば、鉄鉱石をどこかに売る場合、契約書には重量や価格、支払い方法など重要事項が記されていて、裏面には常識にも近い一般的注意事項が書かれており、そんなものは、ほとんどの人は読まないし、何が書いてあるか知らないことも多い。

ところが、抜き打ち検査で押収された契約書の裏書が大問題となった。中東諸国との貿易で、取り扱った品目がイスラエル原産でないこと、輸送時にイスラエル港に寄港しないこと、などの条項が定められていたからだった。その条項を見つけたアメリカ当局の官吏から、「これは、大問題だ。三井物産はアラブ・ボイコットに協力したことになる」と指弾された。

説明が必要だろう。「アラブ・ボイコット」とは、イスラエルを利する活動を阻止するために一九五一年にアラブ連盟が結成したアラブ・ボイコット委員会のことだ。アラブ・ボイコット委員会に親イスラエルと認定された企業は、アラブ圏でビジネスができなくなってしまう。これは、七〇年代には、多くの日本企業が頭を悩ませていた問題だった。

例えば、日産がアラブ圏進出でトヨタに後れを取ったのも、それが原因だった。自動車がマニュアル車からオートマチック車に移行し始めた時期、日産はオートマチックの技術をユダヤ系企業から導入し、派手に宣伝していた。それが仇となり、日産はアラブ・ボイコット委員会の標的とされた。アラブ市場から締め出され、親イスラエルの認定を解除してもらうのに十有余年の年月を要したのである。

つまり、アラブ圏でビジネスをしようとする当時の日本企業は、アラブ・ボイコットに協力せざるをえなかった。石油危機に際し、日本が「アラブ友好国宣言」なるものを発し、イスラエルを切り捨てたことは前述のとおりだが、その宣言はこの流れの中にある出来事だった。

一方、アメリカの政治や経済にユダヤ人が大きな影響力を持っていることは第2章で見た通りだが、アメリカにはアンチ・ボイコット法という法律があって、アメリカ政府が承認していないボイコットを行うことが禁止されている。アンチ・ボイコット法はアラブ・ボイコットに対抗するための法律のようなもので、つまり、アメリカにはアラブによるイスラエル・ボイコットに協力してはならないという法律があったのである。

これが問題を複雑にさせていた。三井物産は日本の企業であり、米国三井物産は三井物産の子会社である。米国三井物産は当然、親会社である三井物産の指揮下に企業活動をしている。しかし、米国三井物産はアメリカの現地法人であるため、アメリカの法律を遵守しなければならない。でなければ、お縄を頂戴することになる。

これは三井物産に限ったことではなく、日本の商社や中東でビジネスを展開する日本の企業が等しく直面していた問題だった。親会社としては、アラブ・ボイコット委員会に睨まれれば中東でビジネスができなくなるため、アラブ・ボイコットに協力せざるをえない。契約の裏書約款に反イスラエル的な条項があったとしても、つい見過ごしてしまう。だが、そのような裏書はアンチ・ボイコット法に抵触するため、米国内の全支店に立ち入り検査が入って契約書の裏書約款にチェックが入ると大変なことになる。抜き打ち検査は、そうした文脈の中で起こった出来事だったのである。

こうした場合、解決のためには、アメリカ流の司法取引が行われるのが一般的だった。つまり、違反を認めペナルティとして罰金を支払うことで、許してもらっていたのである。もちろん、主導権はアメリカ当局にある。あちらのさじ加減一つで、明日はどうなるかわからない。大きな仕事をしているときは、特にそうだった。ワシントン事務所長という役職にあり、三井物産を代表してアメリカにいた私は、監獄に入れられるようなことが絶対にないとは言い切れないような恐ろしさの中で、仕事をしていたのだった。

もう一つの恐怖体験――大統領府・国家安全保障局からの呼び出し

ワシントン事務所長時代には、ホワイトハウスや国務省、商務省から呼び出されたことが何度かあった。その中で忘れられないのが、国家安全保障局からの呼び出しだった。厳重なセキュリティ・チェックを受けて、東アジア担当のセクションに辿り着くと、顔見知りの担当官はニコニコと笑いながら、こともなげに言った。「ミスター・テラシマ——ちょっとしたお願いがあるのだけどね。三井グループがカタールでLNGプロジェクトを推進していますよね。その事業で発注しようとしている四隻のLNG専用船のことなんだけど、そのうち二隻をなんとかニューポート・ニューズ造船所（NNS）で受注できるように、根回ししていただけませんかね」

ニューポート・ニューズはワシントンの二〇〇キロほど南にあるバージニア州の都市で、NNSは空母エンタープライズを造船したアメリカの大軍需企業である。

男の言を受けた私は、我が耳を疑った。この男は、自分が何を言っているのか、わかっているのだろうか？ もちろん、すべてわかったうえで厚顔な要求をしていたのだった。

時は冷戦終結直後である。冷戦時代に「産軍複合体」と呼ばれわが世の春を謳歌していたアメリカの軍需産業は、アメリカの軍事費縮小の煽りを食って、苦しみ抜いていた。軍事技術の民生転換に生き残りの活路を求め、ペンタゴンが開発したアーパネット（ARPANET）と言われる技術をインターネットとして民生転換したのもこの頃のことだ。

当時、三井グループは、カタールで天然ガスプロジェクトに乗り出していた。カタールから天然ガスを輸送するにはLNG専用の大型輸送船が必要で、第一弾として専用船四隻を発注するため国際入札が行われていた。アメリカはそれを狙い撃ちしたのだ。

言うまでもなく、国際入札は厳重な管理の下で公平に行われる。発注者である三井が不正な根回しをすることなど論外である。しかも、入札はすでに進行しているのに、NNSは応札すらしていない。それればかりか、そもそも軍用艦を造っていたNNSには、LNG輸送の専用船を造る技術はなく、入札条件も満たしていない。彼らの受注は現実味のない話だった。

「それは、無理な話です」――私は毅然として回答し、その理由を念入りに説明した。だが、担当官はそんなことは百も承知という顔で、論点を変えた。

「あなたはよくご存じだと思うけれど、中東を守っているのは誰ですか？　日本のシー・レーンを防衛しているのはアメリカでしょ。わが国の会社に二隻ぐらい造らせても当然ではないですか？」

「それなら、応札すればよいでしょう。世界中の企業が受注しようと努力しているのです。技術もないのに応札しようとは無理な話です」

だが、相手は意にも介さない。

「いや、技術は供与してくれればいいのですよ。日本企業の技術を供与してくれればそれでいいのです」。相手はすべてを知り尽くしたうえで、無理筋の要求をしていたのだった。

カタールの天然ガスプロジェクトに命を懸けて闘っている同僚や知人たちの顔が脳裏をかす

めた。アメリカの安全保障局だろうがなんだろうが、そんな圧力に屈するわけにはいかない。私は、本社にアメリカ側の要請は伝えると言い残して、静かに席を立った。

後日談になるが、結局、この話はアメリカに押し切られた。私は大国の無理強いに首肯する嫌な役回りを引き受けずにすんだが、アメリカ政府が日本の関係筋に話を通し、日本の造船会社から技術提供を受ける形でNNSが受注することになったのである。

ワシントン時代には類似の話をいくらも耳にした。商社マンの世界ではそれを「勧進帳を読む」という言い方をするのだが、知略を尽くし身を粉にして働いて国際入札で受注寸前までいったとしても、アメリカやフランスに土壇場でおまけをつけられると、すべてが水泡に帰する場合がある。つまり、武器援助とかそういう類の話だ。そうすると、企業のレベルではいかんともしがたい寂しい話になってしまう。

東南アジアのある国の通信機器の入札に関わった同僚が、ワシントン時間の深夜に、泣きながら電話をしてきたことがあった。プロジェクトを成功させるため、三年もの間寝食を忘れて闘い、九九%落札というところまで漕ぎ着けて喜んでいたのに、数日後に白紙に戻された。フランスが裏で武器援助を抱き合わせて受注しようとしているというのである。世界銀行の借款がついているような大プロジェクトだ。同僚は声をからして、せめて世界銀行の担当者のところに行って怒鳴ってきてほしい、と訴えていた。もちろん翌朝世界銀行を訪ね、同僚の思いを担当者にぶつけてきた。三井物産のワシントン事務所長は、そういうことも仕事のうちだったのである。

ビジネスの世界に国際政治が絡んでくると、次元の違う話につき合わされ、多くの場合、日本のビジネスマンは憂き目を見ることになる。より良いものをより安く、効率的にということで汗水たらして働いているのに、どこからか「天の声」が聞こえてきて、こちらの血と汗を嘲笑うかのようなことが起きる。日本政府は「個別企業の案件には関与しない」という姿勢だ。「日本株式会社」と言われ官民連携が強いと思われている日本だが、実はそれが現場の実情だった。

そうした経験を繰り返しながら、ことの全容が見えるようになると、ビジネスの世界にいながらにして、国際政治における日本の立ち位置が見えるようになってきた。公正なはずのビジネスの世界での商社マンの努力に、政治レベルで不条理な横槍が入ってきても、何もできない。そこに、国際政治における日本の立場が炙り出されていたのである。

ワシントンという特殊な社会

アメリカの首都ワシントンは特殊な社会である。魑魅魍魎《ちみもうりょう》、権謀術数、神算鬼謀といった言葉がスーツを着てうごめいているような社会だ。その特殊な社会の陰の主役を務めるのはロビイストといわれる人々である。その多くは弁護士資格を持ったロビイング・ロイヤーで、政治や政策決定に影響力を行使するためにワシントンを駆け回ることを職業としている。ワシントンでの生活では、こうした「ワシントンサークル」に生きる人々との付き合いが重要なのである。

六年間に及ぶワシントン生活の後、日本に帰国した私は、出張でワシントンに滞在するときには、ホワイトハウスから二ブロック東側に建つウィラードホテルを定宿にしているのだが、ロビイストという言葉は、このウィラードホテルに由来する。

南北戦争の英雄だった第一八代米国大統領・グラントは、散歩の途中にこのホテルにしばしば立ち寄り、ロビーの椅子で葉巻を楽しんだが、それを知ってウィラードホテルのロビーにたむろし、政府の政策に影響力を行使しようとして大統領に近づいてくるパワーブローカーたちのことを、グラント自身がロビイストと名付けたのだという。

このウィラードホテルは日本とも浅からぬ因縁がある。日本からの最初の公式遣米使節であった新見豊前守ら一行七七名が一八六〇年（万延元年）にワシントンを訪れた際に宿泊したのが、このホテルだったのである。勝海舟や福澤諭吉も咸臨丸でサンフランシスコまで随行したが、勝と福澤はワシントンには行っていない。小栗上野介たちがワシントンを訪れたのである。

現代のロビイストの活動の主な対象は上下両院のアメリカ議会や行政府だが、ワシントンの政策科学の世界で独特な存在感を持つシンクタンクを舞台にロビー活動を行う人々もいる。私がお世話になったブルッキングス研究所も、主要なシンクタンクの一つである。そこは民主党系のシンクタンクだったが、共和党系のそれではCSIS（戦略国際問題研究所）やAEI（アメリカン・エンタープライズ公共政策研究所）、ヘリテージ財団などが有名で、ワシントンにはそうしたシンクタンクが数え切れないほど存在する。

ワシントンで使われる隠語に「回転ドア」や「レフュジー・キャンプ」といった独特の言い回しがあるが、「回転ドア」とは、政府機関とシンクタンクを行き来する人々が通る「ドア」のことを言う。

ご存じのとおり、アメリカは二大政党制であり、民主党と共和党が政権交代を繰り返してきた。政権交代がほとんどなかった日本では官僚は終身雇用だが、アメリカは違う。政権が代われば、政権の中枢にいた官僚も失職するのが普通だ。そして、失職した官僚たちの多くの受け皿となるのがシンクタンクなのである。

例えば、オバマ政権の誕生で野に下った共和党が、次期大統領選で政権を奪還すれば、共和党系シンクタンクに職を得ていた人たちが再び官僚として政府機関に復帰する。つまり、アメリカの「官僚」たちは、政府機関とシンクタンクを行ったり来たりしている。だから「回転ドア」なのである。

そして、そのシンクタンクの隠語が「レフュジー・キャンプ（難民収容所）」である。難民収容所などと呼ばれることがあっても、シンクタンクは政策決定に大きな影響力を持っている。そのため、シンクタンクもロビー活動の舞台となっているのだ。

ジョン・カーボーという憎めないロビイスト

かつて、ジョン・カーボーという大物ロビイストがいた。彼とは主義主張にも立ち位置にも大きな隔たりがあったが、不思議なことに妙に馬が合って、深い親交があった。

ジョン・カーボーはワシントンの防衛タカ派として知られる「マジソングループ」の頭目と見なされていた大物だった。マジソンホテルで定期会合を開いていることに由来するこのグループは、軍関係者、保守派ロビイスト、ジャーナリストなどからなる政策研究集団で、ブッシュ政権でイラク攻撃戦略の推進役になったネオコンの巨頭リチャード・パールも、その一員だった。

私がジョン・カーボーと知り合ったのは一九八七年の夏、ニューヨーク赴任直後のことで、東芝機械事件がきっかけだった。東芝機械が輸出した工作機械によりソ連の原子力潜水艦のスクリュー音が小さくなり探知システムに機能不全を起こしアメリカ軍に潜在的危険を与えたとして、日米の政治問題に発展した事件である。今日からすれば冷戦時代のあだ花とも言うべき出来事だったが、ワシントンでは議事堂前で議員によって東芝製ラジカセを叩き壊すパフォーマンスが行われ、東芝本社の社長が辞任に追い込まれる深刻な事態となった。このとき、東芝攻撃の急先鋒となって暗躍していたのがマジソングループだった。

東芝機械事件の発端は東芝機械のココム規制違反にあったが、問題を大きくしたのはマジソングループなどのフィクサーである。彼らは問題に油を注いで大火事にした後に、裏で消火器役を買って出ていた。つまり、マッチポンプのようなまねをしていたのである。こうしたことは、その後も繰り返されている。二〇〇九年に端を発したトヨタの大規模リコールも、タカタ製エアバッグのリコールでも、裏では彼らのような存在が暗躍している。

仕事場として借りたばかりだったマンハッタンの小さなビルの屋根裏部屋に、一九八七年夏のある晩、見知らぬ男から電話がかかってきた。その男は、東芝機械事件について私の意見を聞きたいと言った。それが、ジョン・カーボーだった。日米間の政治問題にまで発展していたこの問題の落としどころを探るため、日本人ビジネスマンはどう受け止めているのか、生の声を聞いてみたかったというようなことだったと思う。

一九四五年生まれのカーボーは、私より二歳年長だった。七〇年代末のカーター政権時に、上院外交委員会の政策スタッフとしてワシントンでのキャリアをスタートさせ、八一年のレーガン共和党政権を生み出す若き原動力となったと言われる。政権入りを要請されたことも幾度もあったが、一貫して表舞台には立たず、「影響力の代理人」として「一〇一番目の上院議員」と言われるまでに存在感を高めていった。

東芝機械事件を機に日本への関心を深めたカーボーは、頻繁に日本を訪れるようになり、日米間の課題のフィクサーのような役割を高め、自らを「KUROMAKU」と呼ぶようになった。「ホテルオークラ」の最重要顧客リストに名を連ね、一室を借り切り「年に一〇〇泊はしている」と豪語していた。FSX商戦から米軍再編問題までカーボーが介在した案件は数多く、日本の政財界、マスメディアなどに驚くほどのネットワークを拡大していた。マッチポンプを仕掛けてくる男としてカーボーのことを忌避する人もいたが、日米間の懸案事項について相互の本音と落としどころを探るチャンネルとして機能していたと言える。

陰の大物と目されたカーボーには悪役のイメージがついて回っていたが、彼との親交を通して私は「思いやり溢れる気のいいアメリカ人」という印象を持った。アメリカ南部のノースカロライナ出身の彼は、日本で言えば九州か東北の出身者といった趣で、東海岸のニューヨークやワシントンなどの空気に違和感を覚えていたようで、エリート然としたインテリのリベラル派を嫌っていた。こちらが幻滅するほどのナショナリズムを発散させながらも、困っている人にはめっぽう優しく、面倒見のいい男だった。

外交の世界では〝agree to disagree〟、つまり、相手の意見に賛同はしないけれど、相手の立場を理解はする、という姿勢が重要となる。外交の常套句で、難しい交渉をするには基本中の基本といってもよい態度だが、日本人の多くはこれが苦手である。意見の対立の表面化を嫌うが、対立が余儀なくなった場合は、相手の顔も見たくないとなりがちなのが日本人の傾向である。

ワシントン時代の私は、カーボーのようなワシントンサークルの人物たちとの親交を通して、この〝agree to disagree〟の姿勢を学んだと思う。合意はできないものの、互いの立場や主張は理解し合い、合意できないことに合意するといった鷹揚さや、意見が違ったからといって喧嘩別れするのではなく、〝agree to disagree〟だねとにっこり笑って別れて、平然と関係を続けられるような度胸がなければ生き残っていけないのがワシントンという特殊な社会だった。

アメリカの国益を最優先するカーボーとは毎度、苦笑いをしながら握手をするような関係だったが、その親交は長く続いた。二〇〇六年三月にワシントンに出張した折にも、到着したその日に面会する約束だった。ところが、ウィラードホテルにチェックインした直後に、彼の訃報が届いた。脳動脈瘤破裂の突然死だった。六〇歳だった。悪ぶってジョークを連発していた友とのあっけない別れだった。

秋山真之と山本五十六のワシントンでの足跡

ワシントン時代、私は仕事に疲れると、オフィスの窓から道を挟んだ大統領府のビル（OEOB）をぼんやりと眺めることが多かった。この建物は一八八八年の建立で、元々は陸・海軍省と国務省のビルディングとして建てられたもので、その名残として今でも正面玄関の両脇に二門の大砲が置かれている。かつては三階に海軍文庫があり、古今東西の軍事書が所蔵されていたという。

島田謹二の名著『アメリカにおける秋山真之』（朝日新聞社、一九六九年）によれば、日露戦争の日本海海戦の参謀だった秋山真之は、一八九七年秋からの二年半、日本公使館付の留学生としてワシントンに勤務している。その初期、海軍文庫に通い詰め、マハン大佐の『海上権力史論』をはじめ、数々の文献を驚嘆すべき集中力で読破したという。

その秋山を主役の一人に据えた小説『坂の上の雲』（文藝春秋、一九九九年）で、著者の司馬遼太郎はワシントン時代の秋山が残した言葉として「自分が一日怠ければ、日本が一日遅れる」を紹介している。

OEOBを眺めながら、私はしばしば秋山真之に思いを寄せた。自分の個人としての目標と、帰属する組織＝海軍の目標と、国家の目標が一気通貫のようにぴたりとつながっていた時代を羨望しながら、さすがに「自分が一日怠ければ……」とまでは思わないまでも、私もまた、社会のために何がしかの役に立つ人たらんと、自らを奮い立たせていた。三井物産という会社の末席を担いながら、心中期すものがあって何かを蓄積していた。

ワシントンにいた私が、強く意識していたもう一人の人物は山本五十六だった。山本もまた駐米日本大使館付武官として一九二六年一月から二年間、ワシントンに滞在していた時代がある。

部下には「三度の飯を二度に減らしてでもアメリカを見て回れ」とはっぱをかけていたと言われる山本は、徹底したフィールドワークの人だった。第二次世界大戦前夜、航空機と石油が次の戦争のキーワードになると看破していた山本は、アメリカ滞在中にメキシコやテキサスの油田を見に行っていたと言われる。テキサス在住の日系人宅から、海軍中佐山本五十六のサインが発見され、二度訪問したという史実が証明されている。

山本五十六という人物に興味を抱いて、その足跡を追った私は、ある確信にも近い仮説を抱いた。国家の命運をかけて真珠湾攻撃を立案した山本は、必ず一度は真珠湾という現場に立ったはずだ――という仮説だ。山本のようにフィールドワークを重視した人物が、土地勘もない状況で重大な立案をしたはずがない。総合商社の経営企画やプロジェクト戦略に関わってきた者として、人間の企画構想力が何に依拠するかを考えると、そう結論するしかなかった。

かなりの量の山本の文献を集めて読み込んでみたが、山本の真珠湾訪問について明確に記述している文献はなかった。それでも、文献を読み込みながら山本の年譜を作っていく過程で見えてきたことがある。結論を先に言えば、やはり山本は真珠湾を肉眼で見ていた。それも二度である。

一度目は二五歳のときのことであった。一九〇九年、巡洋艦阿蘇に乗り込んだ山本は、練習航海でホノルル、サンフランシスコ、シアトル、バンクーバーを訪れている。二度目は一九三四年にロンドン軍縮会議の予備交渉に海軍首席代表として参加したときのことだった。このとき、山本はあえてアメリカ経由の旅程を組み、ハワイに立ち寄っている。

アメリカのハワイ併合は一八九八年である。日露戦争後、太平洋における日本の脅威を意識し始めたアメリカは、ハワイの真珠湾を太平洋の要塞とするため、一九〇八年に基地建設を始め、一九一一年には大型艦船用の水路を浚渫《しゅんせつ》していた。山本がその現状を自分の眼で確かめるためにわざわざ立ち寄ったことは想像に難くない。そのとき、真珠湾の地形が鹿児島湾のそれと似通っていることに気付いた山本は、後に鹿児島湾で急降下爆撃の訓練を命じることになる。

真珠湾攻撃は、戦術論では評価できるが、結果としてアメリカを結束させて総力戦での敗北を招いたとして戦略論としての稚拙さを指摘する意見は根強い。山本を愚将、凡将とする厳しい評価もある。しかし、職業軍人山本五十六に過大な責任を問うのは酷だと思う。

真珠湾攻撃の直後、一九四一年一二月二七日付けで山本は甥の高野気次郎に宛てて意味深い手紙を送っている。

「爾後の作戦は政戦両翼渾然たる一致併進を要する次第にて、之が処理に果して人材可有之か、従来の如き自我排他偏狭無定見にてはなかなか此広域の処理、持久戦の維持は困難なるべく杞憂は実に此辺りにありと愚考せられ候」(『全記録人間山本五十六と真珠湾攻撃』(徳間書店、二〇一一年))

この時代の空気と政治の無力に対する山本の怒りと心情が溢れ出たような、「自我排他偏狭無定見」という言葉が、心に響く。

私もまた、山本のようにフィールドワークを大切にしたいと思い、ワシントンに残っていた日本人の痕跡を訪ね歩いた。それをワシントン商工会議所の会報に紹介もしていた。秋山に山本、津田梅子ら、そのときに調べた多くの資料が、その後の私の著作の一部となった。

情報活動の仕事や倶楽部での交流、そして先人たちの足跡などに刺激を受けながら、ワシントン時代にも、私は真剣に執筆活動を続けた。ニューヨーク・マンハッタンの屋根裏部屋はそのまま借り続け、そこに出向いて書くこともあった。新潮社の『フォーサイト』誌に「ホワイトハウスの見える窓から」と題する連載原稿を送り続けた。帰国後、その論稿をまとめたのが

『ワシントン戦略読本——ホワイトハウスの見える窓から』（新潮社、一九九七年）であった。この頃、『フォーサイト』の編集長が伊藤幸人氏（現新潮社取締役）であり、石橋湛山賞をいただいた『新経済主義宣言』の単行本化を支えてくれた寺島哲也氏とともに、今日でも論稿の指南役になってくれている。

企業人としての視座から、グローバルな視座へ

ニューヨークに四年、ワシントンで六年を過ごした刺激に溢れたアメリカ時代は、私にとって貴重な時間だった。そこでの生活とさまざまな人々との出会いや交流の中で、私はそれまでは持ち合わせていなかった世界を観る新しい視座を手にしていった。そして、私自身の思考のパラダイム転換が起こった。それがどのようなものであったのか、ここで整理しておきたい。

第1章に詳しく記したとおり、一九八〇年代の私は三井物産の若手社員として、会社が社運を賭けて取り組んだＩＪＰＣ（イラン・ジャパン石油化学）がイラン・イラク戦争によって激震に見舞われるという非常事態に遭遇し、自らが帰属する三井物産という巨艦が沈まないように、企業から与えられた課題としてアメリカや中東を飛び回って、必死で情報活動の下支えをしていた。

当時の私が世界を観るときの基本的スタンスは、あくまでも日本の総合商社に属する組織人としてのそれであり、私の活動は企業という枠組みの中での格闘であった。換言すれば、会社が潰れないように必死で情報活動に邁進する企業の社員として与えられた使命を果たさなければならない、という場所から世界を観ていたと言える。

しかし、一九八〇年代後半から九〇年代にアメリカの東海岸で過ごした一〇年の間に、私の視座は三井物産という企業の枠を次第に越えていくことになる。

私のアメリカ時代は、世界史が激動した一〇年だった。九一年にソ連邦が崩壊し、第二次世界大戦後の世界政治の枠組みだった冷戦構造が終焉を迎えた。さらに、ペンタゴンが基盤技術を開発した情報ネットワーク技術が民生転換され、インターネットが登場する。IT革命の始まりである。そうした中で、世界の指導者・経営者が「グローバル化×IT革命＝これからの世界」という構図で世界を認識し始めた。感度の良い者たちはすでに、国境を越えてヒトやモノ、カネ、情報が自由に行交う時代に世界が変わっていく予兆を感じ取り、大競争の時代の到来を予測し、それが時代の潮流を表すキーワードとして語られ始めていた。

米国東海岸で過ごしたこの一〇年間で、特にワシントンで過ごした後半の六年間で、私が日常的に向き合っていた人々は、企業を背負ったり国家政策の立案に携わったりと立場はさまざまだったが、それぞれが押し寄せるグローバル化の波の中で、まさに地球儀を手にして、グローバルな視界でものを考え、グローバルな利益・利害関係の中で、問題の最適解を求めて動いていた。あえて言うならば、彼らは国家を越えたゲームを戦っていた。

企業に属する人々は、多国籍企業の論理、つまり、ある国家に帰属した企業としてのロジックではなく、国家を越えて、その企業としての利益最大化を求め戦略を練っていた。また、外交官やアメリカの地域戦略に携わる研究員など、国家を背負う気概に溢れた人々は、アメリカと日本、アメリカとロシアといった二国間関係の中での利益を追求するのではなく、グローバルな多国間関係の中で国家利益の最適化と最大化を目指して、外交政策や地域戦略を立案しようとしていた。そうした姿勢が抱え込む問題もあるのだが、次元の異なる視界と価値観を持つ「ワシントニアン」との出会いは刺激的だった。

前述のとおり、ワシントン在任中、私はユニバーシティ・クラブに頻繁に通っていた。そこで、ワシントンのシンクタンクの研究員や、多国籍企業の戦略企画を担当しているビジネスマンなど、グローバルな視点で世界を俯瞰し、世界をエンジニアリングするといった気概で仕事に没頭する彼らと、時には火花を散らして議論した。議論しながら、私はある種の違和感を覚えよく首をかしげていた。

なぜ、彼らはこんなものの見方ができるのだろう。どこからそんな発想が出てくるのだろう。ひるがえって、私自身の立ち位置はどこにあるのだろう。どこに定めるべきなのだろうか。そうした疑問を抱きながら、激しく動く時代と戦い、自問自答を繰り返した。

そのような生活の中で、私は企業の論理と格闘し、三井を背負ったロジックを基盤にしながらも、一方で、三井さえも客観視して相対化し、グローバルな視点でものを考え、議論している世界の人たちの胸を借りながら、新しい視座を醸成していった。それが私のアメリカ時代だったと思う。

私の「自分自身の生き方」についての問題意識の中に「マージナル・マン」という概念が、しっかりと見え始めた時期でもあった。「マージナル・マン」とは、境界に生きる人という意味で、帰属する組織にしっかりと軸足を置きながら、一方で組織を客観視する視界を持ち、内と外の緊張感の中で生き抜く人間を意味する。

もともと、私は自分の帰属する会社を「うちの会社」と呼ぶようなサラリーマンにはなるまいと心に期していた。「就職」というより「就社」で、終身雇用の会社に依存するような生き方は願い下げだった。だが、決して腰かけ気分で働くという気もなく、帰属組織からもしっかりと評価される貢献こそ大切だと考えていた。そのうえで、社会人として自らの企業をも冷静・客観視できる厳しい視線も重要と考え、組織の内と外の境界に立ち続ける意思を持った生き方を「マージナル・マン」と表現していた。つまり、アメリカ東海岸での一〇年は、「マージナル・マン」として生きる覚悟を私自身に確認させた一〇年だったのかもしれない。

次第に見えてきたのは、国家の論理と企業の論理の相克であり、国家と企業、企業と個人の間の緊張感であった。司馬遼太郎が『坂の上の雲』で描いた明治という時代は、国家の意思と組織の目的、さらに個人の生き方や人生の目的のそれぞれが、まるで三重連のようにつながっていた、迷いのない幸福な時代だったとも言える。

しかし現代という時代において、国家、企業、個人が共通の価値を目指して進むことは至難の業である。われわれの生きる時代の難しさはそこにあると言える。だからこそ、「マージナル・マン」的生き方に立つ覚悟がいるのだと思う。組織社会の現場にしっかり足を置いているからこそ、時代の本当の課題が見えるとも言える。さらに、組織を外から相対的に観る冷静な視座が、埋没せず組織を活性化するためには必要なのである。境界に立つことの知的緊張こそ、課題解決に向けての「創造」を生むのだと確信するようになった。

さらには、グローバリズムも決して光の面だけではなく、影の面や綻びがあることも見えてきた。冷戦終焉の直後には、イデオロギーの対立であった冷戦が終わり、世界は均一化へと向かい、政治対立の時代が終焉を迎え、経済の時代を迎える。そう思っていた。だが、そんなことはまったくなかった。影の部分が早くも噴出していた。

冷戦終焉後に訪問した旧東側諸国では、コカ・コーラやマクドナルドといった資本主義の象徴のような企業が進出し、人々が群がっていた。目を覆いたくなるようなあからさまな商業主義がはびこり、ビジネスマンたちは、生産ではなく手っ取り早く利益を得られることもあるマネーゲームの虜になっていた。それは明らかに、グローバリズムの影であり、私には、「資本主義が社会主義に勝利した」とはとうてい思えなかった。

そうした時代に並走し、考察したことは、前述の『地球儀を手に考えるアメリカ――21世紀・日米関係への構想』、そして『ふたつの「FORTUNE」――1936年の日米関係に何を学ぶか』（ダイヤモンド社、一九九三年）、『新経済主義宣言』（新潮社、一九九四年）、『ワシントン戦略読本――ホワイトハウスの見える窓から』（新潮社、一九九七年）、『国家の論理と企業の論理――時代認識と未来構想を求めて』（中央公論社、一九九八年）などに記した。

第5章

9・11、イラク戦争、日本外交

――時代の発言者として

一九九七年、私は帰国し、三井物産の業務部総合情報室長として本社に戻った。一〇年ぶりの本社勤めで、何よりも心血を注いだのは、企業内シンクタンク「三井物産戦略研究所」の立ち上げだった。

本書で詳述してきたＩＪＰＣでの体験や、中東、アメリカでの経験を通して、私は日本の企業も、特に、世界の最前線でビジネスを展開する総合商社は、「地政学的知」に立ったビジネス戦略の調査・立案を専門とする研究所を持つべきだと痛感していた。業務部総合情報室長という立場で、私は三井物産の新たな長期業態ビジョン作成に参画し、その提案事項として戦略研究所の設立を企画・立案した。

研究所の両輪として、私が不可欠だと考えたのは、国際情報と産業技術情報の二本柱だった。冷戦終結後、アメリカの一極化が進む世界にあって、国際情報の重要性は言わずもがなだが、新しいプロジェクトを進めるには、ＩＴ（情報ネットワーク技術）をはじめとする先端的技術基盤についての知見の集約が是非とも必要と思った。

戦略研究所は、当時の上島重二社長をはじめとする経営陣の承認・支持の下に、一九九九年に発足に至ったが、設立までは決して順風満帆ではなかった。「戦略」などという文言は軍事用語のようで商社の研究所にはふさわしくないなど、さまざまな意見も出たが、「組織の名前は志を表す。課題解決型の研究所が必要だというのは、ＩＪＰＣの体験の中で辿りついた結論なのだ」と、反対意見を説得し、立案どおりの名前で、研究所をスタートすることができた。以後、一〇年間、私は所長として戦略研究所を率いた。

アメリカへの不吉な予感――「自国利害中心主義」の落とし穴

グローバリズムの影の問題が世界中に噴出し始めた状況の中で日本に帰って来た私は、戦略研究所の仕事に没頭しつつ、ワシントンを客観的に見直しながら、新しいモノの見方を組み立てて始めた。そこで気が付き始めたのが、冷戦に勝利し、胸を反らし始めたアメリカの持つ危険性であった。

一〇年間のアメリカ滞在から二〇年が過ぎようとしているが、帰国後の私は毎年最低一〇回以上は海外に出張している。アメリカにも年に二、三度は渡航し、定点観測を続けてきた。忘れられないのは、帰国して二年目の春のワシントン出張時の体験で、一九九九年三月二九日の出来事である。

この日、ワシントンサークルで親しくしていた仲間たちが、私の歓迎パーティを開いてくれた。仲間の一人の自宅での、一〇人ほどの集まりだったが、折しもその日は、アメリカがバルカン半島でのコソボ空爆を始めた直後だった。

リビングルームで酒を飲みながら談笑している最中に、テレビではコソボ空爆がライブ中継されている。暗闇の中に爆撃の閃光が煌めく様子がテレビの画面に現れるたびに、拍手喝采が起きる。ワシントンのエリートたちは、閃光の下でどれほどの人が悲惨な目に遭いながら死んでいるのか、逃げまどっているかなど、まったく想像しないかのようだった。私を歓迎してくれるパーティの席にいながら、私はだんだん不機嫌になっていった。

さらに、この日はアメリカにとって歴史的な日となった。ニューヨークのダウ平均株価の終値が史上初めて一万ドルを超えたのである。ニュースはコソボ空爆と史上最高の株価を交互に繰り返し流している。

私の歓迎パーティの雰囲気は、まさに世紀末のアメリカの空気を具現するものだった。株式投資をしている人はウハウハ気分である。一万ドルを超えたぜ、そろそろ売りか、いやまだだ、一万二〇〇〇か三〇〇〇は堅い、などと話している。自分の資産が増えていって笑いが止まらない。その笑いの渦の中で、自国が攻撃しているコソボの空爆に拍手喝采を送っている。

一〇年間のアメリカ生活で親しく交わり、ときには助けてもらった仲間たちのその姿に、私はアメリカの危うさを感じずにはいられなかった。

二一世紀の到来

二一世紀を迎える瞬間、私は代々木のNHKのスタジオにいた。『ゆく年、くる年』というラジオ番組で、木村知義アナウンサーと向き合い、日本各地からの除夜の鐘の音を中継で聞きながら、去りゆく二〇世紀と来るべき二一世紀について語り合うという番組であった。新潮社の『フォーサイト』誌に「一九〇〇年への旅」と題して二〇世紀と格闘した先人の足跡を追う連載を続けていたこともあり、二〇世紀が残した課題などについて語りながら世紀を越えた。番組を終えて出てきたところ、一階の出口付近は、「紅白歌合戦」を終えた歌手と関係者でごった返していた。

冷戦の終焉から一〇年、この頃の私は、ロシアや、かつて東側と言われた国々を訪れ、西側から怒濤のように流入する「マネーゲーム・商業主義・社会的退廃」を目撃し、「こんなことで資本主義が勝ったと言えるのだろうか」という問題意識を深めていた。「唯一の超大国となったアメリカの一極支配」なるものの実態が、米国流金融資本主義の肥大化となり、ウォールストリートの懲りない人々が主導するマネーゲームを跋扈《ばっこ》させていることへの疑念を深めていた。この問題意識を展開して単行本としたのが『「正義の経済学」ふたたび——日米再生の基軸』（日本経済新聞社、二〇〇一年）で、「マネーゲーム批判」は今日でも、私の経済観の基軸である。

そんなスタートだった二〇〇一年、悲劇の同時多発テロがアメリカを襲った。九月一一日午前、欧州出張を終えパリから東京へと向かうANAの機内にいた私は、不吉な予感の中で、暗澹たる気分に包まれ始めた世界の空気について考えを巡らせていた。

この年の夏の欧州出張で痛感したのは、欧州の困惑であった。原因は、冷戦終結後から徐々に加速されていったアメリカの「内向」であり、自国利害中心主義であった。その傾向は「アメリカ・ファースト」を掲げてホワイトハウスに乗り込んで来たブッシュ政権の登場により、一段と徹底された感があった。京都議定書からの離脱、翌二〇〇二年にオランダのハーグに設置されることになった国際刑事裁判所への加盟撤回、包括的核実験禁止条約の批准拒否など、世界の重要な問題に関与し、リーダーとして利害調整を主導し、ルールを確立する意思を放棄したとしか思えない出来事が続いていた。「自国のことは自国で勝手に決める」「アメリカは世界のルールには縛られない」と公言しているかのようだった。

冷戦後の世界の潮流とされてきた「IT革命」も「グローバリゼーション」も、発信源はアメリカだった。にもかかわらず、そのアメリカ自身が自国利害中心主義を邁進していた。世界の人々の心が暗くなるのは当然の成り行きである。

そんなことに思いを巡らせながらフライトを終え成田に到着すると、関東地方は台風の直撃を受けていた。強風の間隙を縫ってなんとか帰宅した私は、直後に日本テレビからすぐにスタジオに来てほしいとの要請を受けた。ニューヨークの世界貿易センタービルに航空機が激突したというのである。事故かテロかはわからないが、とにかくスタジオにと言われ、私は押っ取《おと》り刀《がたな》で日本テレビに向かった。

スタジオ到着直後に、二機目の航空機が世界貿易センタービルに突っ込んだ。その瞬間、誰もがテロであることを確信した。アメリカで加速する自国利害中心主義に暗澹たる気分にさせられながら、その後の世界について不吉な予感を胸によぎらせつつ帰国したばかりだった私は、アメリカがそのような形で襲われたことに衝撃を受けた。

それだけではなかった。私は個人的にも大きな悲痛に襲われていた。ちょうどその日、三井物産戦略研究所の副所長をしてもらっていた松尾寛君が、世界貿易センタービルで開催されているエコノミスト会議に出席している予定だったからだ。彼が宿泊していたマリオットホテルも倒壊したとのニュースが飛び込んでくるなか、松尾君の消息は杳《よう》として知れなかった。「松尾は死んだのか」。私は絶望に近い思いを胸に、9・11の衝撃を受け止めながらテレビに出演していたのだった。

松尾君は予定どおり世界貿易センタービルにいたが、幸いなことに、倒壊するビルの粉塵に追われるようにミッドタウンまで走り、命からがら逃げ延びて無事に日本に帰ってきた。だが、生死は紙一重だった。同じ会議に出席していた日本人が数名落命している。

次第に事件の全容がわかり始めた。これはニューヨーク、ワシントンを襲った同時テロで、犠牲者は二九八二人にのぼった。アルカイダなるイスラム過激派が主導した「組織犯罪」であったが、逆上したアメリカは「これは犯罪ではなく戦争だ」と叫ぶブッシュ大統領に呼応して、報復戦争的心理に吸い込まれていった。世界もその空気に引き寄せられた。もちろんテロは憎むべき犯罪だが、アメリカに抱いていた不吉な予感の帰結を見る思いで、私は必死に思考回路の立て直しを試みた。

「間違った戦争」としてのイラク戦争への発言

血走った目線でイラク攻撃へとひた走るアメリカとそれに同調する時代の空気の中に〝危険な何か〟を感じた私は、イラク戦争の直前、「『不必要な戦争』を拒否する勇気と構想」と題した論稿を二〇〇三年四月号の『世界』誌に発表した。だが、残念なことに、同年三月一七日、アメリカは最後通告を突きつけ、「大量破壊兵器の保有」を理由に、本音は「9・11への報復」という心理でイラク攻撃を開始した。

その当時の論稿の内容を、これもまた一字一句改訂せずに掲載しておきたい。あのとき、何をどう見ていたかは、今の発言におけるごまかしのきかない前提だからである。

「不必要な戦争」を拒否する勇気と構想
――イラク攻撃に向かう「時代の空気」の中で

『世界』二〇〇三年四月号掲載

イラク攻撃に向かう論理の危うさ

多くの人は、九・一一の同時テロ以降の展開として「イラク攻撃」が浮上したと考えがちである。しかし、ボブ・ウッドワードの優れた著作『ブッシュの戦争（*Bush at War*）』が描きだしているごとく、ブッシュ政権は九・一一の直後からイラク攻撃を検討していた。九・一一とイラクの関係さえまったく検証されていない段階においてである。

伏線としてPNACの存在を指摘せざるをえない。PNACとはProject for the New

American Century（新しいアメリカの世紀のためのプロジェクト）という政策シンクタンクであり、軍事予算を三割削減したクリントン政権の政策に不満を抱く共和党タカ派、民主党ネオ・コンサーバティブ派、産軍複合体関係者によって一九九七年に活動を開始した。中心人物は、湾岸戦争時の国防長官であったチェイニー現副大統領、ラムズフェルド国防長官、ウォルフォウィッツ国防副長官、ボルトン国務次官、アミテージ国務副長官、エイブラムスＮＳＣ（国家安全保障会議）中東政策責任者であり、現在のブッシュ政権の中核的存在が顔を並べている。この政権にはＰＮＡＣの思想が深く埋め込まれている。

彼等の主張は、「米国防衛の再建」（二〇〇〇年九月）などの報告書に集約されるが、その中身は「軍事力を背景に市場経済と人権と民主主義という価値を世界に定着させる」というアメリカ至上主義的論理に特色づけられ、それが二〇〇二年九月にブッシュ政権が発表した「新外交ドクトリン」に反映されたことは間違いない。そして、ＰＮＡＣの設立当初から「サダム・フセイン政権打倒」が主要な活動目標の一つとされていた。つまり、九・一一が起こったから「アフガン攻撃」があり、次なる帰結として「イラク攻撃」が浮上したのではないのである。初めにイラク攻撃ありきで、ブッシュ政権のそうした特異な性格を見失ってはならない。

ＰＮＡＣの論理を突き詰めると、「東西冷戦を終わらせたのはレーガンの力の外交」という歴史観が横たわっている。つまり、「悪の帝国ソ連を崩壊させたのはレーガン軍拡」という認識に立ち、力対力で問題を解決していくという思考である。しかし、冷戦終焉の過程を冷静に解析した研究が示すことは、東側の崩壊は内部からの自壊であり、ＳＤＩ構想など外部からの軍事圧力など周辺的要素であったという事実である。国民を幸福に出来ない専制や統制、強制や弾圧は、長い目でみれば決して持ち堪えることはできず、とくに「情報化」によって国際社会との相互交流が深まる時代において「不条理な専制」は自壊するということである。

湾岸戦争の怨念をひきずった屈折した心理と役割意識肥大症ともいうべきアメリカの価値への陶酔、それを「新しい帝国主義」と呼ぶ人もいるが、われわれは今そうしたゲームに付き合わされているのだ。

攻撃理由の微妙な変化――「テロとの戦い」から「大量破壊兵器」へ

九・一一以後、イラク攻撃の理由は「テロとの戦い」という文脈で説明されていた。テロ実行犯とイラク・エージェントとの接触などの情報が流されていた。だが、テロ実行犯一九人（うち一五人はサウジアラビアのパスポートで米国に入国）とアルカイダとの直接的関係さえ検証されていない。アルカイダとイラクの関係を印象付けるさまざまな情報も語られたが、二月のパウエル国務長官の国連での報告でも、アルカイダ残党の一部がイラク北部に逃れているというもので、九・一一とイラクの関連など触れられていない。

イラク攻撃の根拠として「テロとの戦い」が使えなくなるにつれて、米国は「大量破壊兵器」

という言葉を使いはじめた。テロリストに供与する可能性があるかもしれない大量破壊兵器をイラクが保有し、しかも国連決議に違反してその廃棄に協力しないから「武力行使」なのだという。

原点に還って、戦争を選択せざるをえない理由を筋道立てて考えてみよう。もし本当に「テロとの戦い」というのであれば、先行してやるべきことがある。それは、テロという国境を超えた組織犯罪を処断する国際刑事訴訟システムを構築することである。幸い、欧州諸国が主導する形で、二〇〇二年六月末に六〇カ国以上が批准したために、「国際刑事裁判所」(ICC)がオランダのハーグに設立されることが決まった。

九・一一の直後、ブッシュ大統領は衝撃のあまり「これは犯罪ではなく戦争だ」と叫び、アフガン攻撃に至る政策を選択した。あの時点での米国民の衝撃と怒りを考えたならば、やむをえない選択だったかもしれない。しかし、時間の経過とともに判明してきたことは、やはり九・一一は一九人のテロリストによる組織犯罪であり、こうした人道に対する卑劣な犯罪行為を裁く国際刑事訴訟システムの構築に米国こそ先頭に立つべきであろう。ところが、ブッシュ政権はICCへの参画を拒否した。理由は「米国民が第三国で不公正な裁判の被告になることを拒否する」というものであった。環境問題における「京都議定書」からの離脱と同じく、「自分を国際ルールで縛るな」というユニラテラリズム(自国利害中心主義)極まる話である。

「大量破壊兵器」「国連決議違反」という理由も、熟慮すれば首尾一貫したものではない。まず、国連決議違反を理由に武力攻撃というのであれば、一九六七年の第三次中東戦争後にイスラエルの占領地撤退を求めた国連安保理決議二四二はどうなるのか。イラクに対する国連決議は憲章第七章に基づくもので、「武力行使も容認」しており、イスラエルへのそれは憲章第六章に基づくもので、「平和的解決」を目的とするものだとの説明もある。しかし、イスラエルの撤退を求めて米国がいかなる圧力をかけてきたのであろうか、明らかにダブルスタンダードであり、国際法理に基づく正義の戦争も実は筋道が通ったものではない。また、仮にイラクが大量破壊兵器を保有していたとしても、大量破壊兵器を保有している国はイラクだけではない。米国自身が最大の保有国であり、「大量破壊兵器の廃棄」を求めるならば、世界全体から脅威を取り除くための制御システムこそ議論されねばならない。

戦争に向かう米国の社会心理——経済不安と軍事的全能の幻想の谷間に

米国経済は不安の中にある。昨年一年間だけで株価はダウが一七%、ナスダックは三二%も下落した。ダウについていえば、過去一〇年間で四倍になるという高騰をみせ、その資産効果で個人消費も含めて米国経済が回ってきたともいえる。それだけ株価が高水準を維持できた理由は、世界中の資金が米国に向かうという状況を実現してきたからであり、二〇〇一年から遡る一〇年で、米国は累積一・九兆ドルもの経常収支赤字を積み上げながら、それを補って余りある海外からの資金流入によって繁栄を謳歌してきた。

ところが、米国への資金流入に変化が見られ始めた。米国の相対的金利高の解消、ユーロの現物通貨としての流通と評価の高まり、エンロン崩壊に象徴される九〇年代型米国ビジネスモデルへの懐疑などが、「米国離れ」を加速させたといえよう。米国にだけ世界の資金が回る構図は終わりつつある。

経済不安の一方で、極端な軍事力への過信ともいうべき心理が米国に生まれつつある。米国一国の軍事予算額は、世界の第二位から一五位までの国の軍事予算の総額を上回る。また、RMA（軍事革命）といわれる時代において、ITを駆使した戦争に米国が圧倒的な力を保有していることも間違いない。衛星でモニターしてトマホークや誘導爆弾を打ち込むリモート・コントロール戦争を実行できる唯一の技術基盤を確立し、イラク攻撃に向けては地下防空壕を無力化するためにRNEP（地中貫通再爆発核）といわれる地中一〇〇メートルまで貫通する戦術核兵器さえ準備しているといわれる。

圧倒的軍事力と経済不安の谷間に「力の行使」への誘惑がある。先述のPNACのT・ドレーニー副事務局長は「力を積極行使するよう政府に働きかけ、米国の原理原則を世界に広めることが目標」といってはばからないが、世界はこの認識に基づくブッシュ政権にひきずられているのである。九・一一以後のブッシュ政権を注視してきて、「カウボーイ・メンタリティー」という言葉を思い起こさざるをえない。「悪漢を懲らしめる正義の保安官」とか「やられたものはやりかえす報復の美学」のようなカウボーイ映画の主役のごときメッセージは、ブッシュ大統領の言葉にうかがい知れるが、偉大な世界の指導者のメッセージを感じとることはできない。このことは、二〇〇二年六月号の『世界』にも書いたが、一年が経過しようとしても、世界をどう制御するかについてのリーダーらしい構想、つまり「戦後ビジョン」が見えてこない。それどころか、国際刑事裁判所構想のごとき新世界秩序を模索する制度設計を否定しようとしているのである。

いうまでもないことだが、米国は移民の国であり、世界中から米国を最後の希望の地として訪れた人々によって形成されてきた国である。米国で一〇年以上も生活したことのある私の経験でも、「開かれた国」としての米国の魅力に感動させられた思い出がある。例え不法入国者の子どもであっても、英語を習得できる特別クラスへの入学を許可し、面倒をみる姿に心打たれたものである。その米国が、九・一一以後、急速に偏狭な「閉ざされた国」に変質しつつある。

「二一世紀の新しい戦争」再考

この戦争を「石油」という要素と結び付け、「アメリカの石油支配のための戦争」とする人もいるが、そうした認識は一面的すぎる。確かに、世界第二位の産油国となりうる石油供給力を有するイラクでの紛争に、石油という要素が絡み付いていることも否定できないし、事実、テキサスの石油資本関係者の中には、「サウジアラビアと米国の関係にかげりがみえる状況において、イラクを世俗化・民主化して親米政権を作ることは米国の国益」といってはばからない人もいる。また、フランスやロシア、中国までがイラクでの石油採掘権をめぐってイラク政府と接触してきていることも確かで、そうした思惑が展望を複雑にしていることも間違いではない。

しかし、ブッシュ政権がイラク攻撃に躍起になる本質的理由が、「石油支配」などという単純な構図ではないからこそ厄介なのである。PNACについて述べてきたごとく、「イスラム中東世界を現代世界に変革」すると本気で思い込み、米国流の民主主義の旗を世界に翻らせ「新しいアメリカの世紀」を創ることを夢見る意図が横たわっているのである。かつての帝国主義が、領土や資源の支配を意図していたのに対して、「人権と民主主義の十字軍」的な思い入れに陶酔しているという意味において「新しい帝国」なのである。

そして、この思い込みが途方もない危険性を内包しているから問題なのである。ブッシュ政権は、二〇〇二年九月に発表した外交ドクトリンにおいて、驚くべきキーワードを提示した。「先制攻撃権」という概念である。テロのような背後から虚をついて襲いかかる卑劣な行為に対しては、その芽を持った対象に先制攻撃する権利を有するという論理である。そこから、「テロリストに大量破壊兵器が渡りかねない」ということでイラク攻撃が正当化される論理が浮上するのである。しかし、この論理は世界秩序を液状化させ際限ない戦闘を誘発するものである。例えば、イスラエルにとってパレスチナはテロリストの基地であり、インドにとってのパキスタン、ロシアにとってのチェチェンなども、すべて「先制攻撃」の対象とされかねないのである。

米国が突入しようとしているイラク攻撃という戦争は、本当の敵を見失った戦争である。本当の敵はテロリストという見えない敵であるにもかかわらず、「屈服しそうな都合の良い悪役」に攻撃を加え、勝利を演出しようとしているようにみえる。テロ、ゲリラなど正規軍の戦いの対象となりにくい「非対称戦争」といわれる時代に、仮にイラクを短期間に屈服させ体制転換させたとしても、問題の解決に近づくであろうか。むしろ、逆であろう。多くのイスラム諸国の人々の米国への憎しみを増幅し、世界中の人々は米国への嫌悪と軽蔑を深めるであろう。それは、イスラム原理主義をはじめとするさまざまなテロリストたちの温床となり、米国はいつ襲われるかもしれないという恐怖と不安の大国となるであろう。憎悪の連鎖は収拾のつかない恐怖の世界をもたらしかねない。

米国の中からも、ハーバード大学のスティーブン・ウォルト教授のごとく、イラク攻撃の意味と効果を冷静に分析し、「不必要な戦争」(“An Unnecessary War,” *Foreign Policy*, Jan./Feb.2003) と結論付ける見解も語られはじめている。「反戦平和」という立場からではなく「政治的現実主義」の立場から、「イラクの脅威」なるものの実態を評価し、「注意深い封じ込め」で対応することの妥当性を主張するものである。確かに、「封じ込め」など反対陣営の揺さぶりでザル抜けになりがちだった冷戦期と異なり、国際社会が連帯しての「封じ込め」の効果はあなどれない。孤立しては成長も安定も望めない時代なのである。監視の技術的基盤も人工衛星をはじめ整備されてきている。戦争を解答としない、脱近代世界の統治・制御システムが問われているのである。

日本の選択——二一世紀らしい新しい外交へ

イラク攻撃をめぐって、「二一世紀の新しい外交」が姿を見せ始めている。メディア的にいえば「米欧間の亀裂」となるが、国連を舞台にした米国と独仏の論戦は、新しい国際関係を暗示するものといえる。時代認識と思想哲学、そして国益を凝縮した論戦であり、これぞ外交を思わせるものであった。また、二月一六日に世界中で繰り広げられた一〇〇〇万人を超す人々による反戦デモは、「二一世紀の地球をどう制御するか」についての真剣な意思表示であり、これまた新しい時代を暗示するものである。

その中で、日本の沈黙と屈折が際立つ。政府は国際社会の動向を見極めることが政策の基軸であると語り、「あいまい」であることが「国益」と説明した。そして、「イラクに間違ったメッセージを伝えないため」として、結局は米国を支持してイラクに圧力をかける政策に加担することを選択した。二月一八日の国連安保理公開討論での原口幸市大使の発言は、「国際社会の一致団結によるイラクへの圧力」を語りながら実態は米国支持を強く滲ませるものであった。国連決議なしの攻撃さえも視界に入れ、この国は不条理な戦争支持に向けて舵を切った。この経緯は、日本という国の本質を炙り出す契機となった。

多くの日本国民は「結局はアメリカについていくしかない」日本の選択に無力感というか、「仕方がない症候群」に襲われている。二〇〇三年になって、NHKの日曜討論をはじめいくつかの機会でイラク問題など国際関係について発言する機会があった。内閣の外交問題アドバイザーでもある岡本行夫氏とも議論することができた。真摯に思考し行動する先達として敬意を抱く岡本氏から「われわれの選択肢はアメリカかイラクかである」という率直な発言があったが、大量破壊兵器を隠し持つかもしれぬイラクと半世紀以上もの同盟国たるアメリカのどちらを支持するのかといわれれば、多くの国民の選択は自ずと明らかである。しかし、われわれの前にある選択肢はそんな不毛なものであろうか。

むしろ、この固定観念から脱し、新しい外交の選択肢を構想することが、二一世紀日本の課題ではないのか。その後、政府関係者の説明において、そこはかとない説得力を持ちつつあるのが「北朝鮮の脅威を抱える日本において、米国との連帯は不可欠である」という論理であり、米国の核の傘によって守ってもらわざるをえない日本にとって、少々筋道が通らなくてもアメリカについていくしか選択肢はないという認識である。私は、米国の核抑止力に身を置くことが現実的という固定観念を脱却し、日本の安全保障にとって有効な新たなる構想をいかに構築できるかが鍵であると考える。

「北のミサイルは東京を狙っている」とか「北はすでに核を持っている」といった情報に、われわれは途方もない恐怖を覚えざるをえないが、冷静にいえば、「北の脅威」は冷戦期のそれとは性格を変えている。つまり、北朝鮮の背後にソ連東側が存在し、北朝鮮の行動に東側が呼応して体制転換の脅威となっていた時代とは異なり、「ならず者国家」として自暴自棄の単発攻撃を仕掛けてくる危険が問題なのであり、現実にはいったん不当な攻撃が実行されたならば、その瞬間に北朝鮮の孤立と崩壊は決定的となるであろう。日本としては、冷戦後のパラダイムの中で、核やミサイルを実際には使えない兵器にしていくことであり、そのためには米国の核抑止力だけに期待するよりも、日本の原理原則としての「非核平和主義」に徹し、大量破壊兵器の廃絶を執拗に訴え続けるという「持たざる国の強み」を生かし切るべきであろう。

アジアの近現代史は、常に欧米による分断統治（ディバイド&ルール）に苦しみ抜いてきた。大英帝国のインド支配の構図以来、内部の敵対・反目を利用して統治するのが常套手段であった。今日の米国のアジア政策をみても、欧州に対してはNATOやEUなど多国間の地域統合的仕組みを許容しているのに対し、アジアにおける多国間連携の仕組みには積極的ではない。マレーシアのマハティール首相のEAEC構想や九七年アジア金融危機後の日本のアジア版IMF構想にしても極めて神経質に反発する。米中、米韓、米日、米北朝鮮という二国間関係は存在するが、自らが主導できない多国間の地域連携には不快感を隠さない。だからこそ、二一世紀のアジアに生きる人間は、この構図に問題意識を持ち、アジアの主体性と連携に視界を広げなければならないのである。

現実的な選択シナリオ

それでは、イラク攻撃が差し迫っているといわれる今、二一世紀の外交を睨んで、日本がとるべき政策はどうあるべきか。私は次のように考える。一に、イラクへの武力攻撃を支持しない。国連の新しい武力行使容認決議があってもなくても、憲法によって「紛争の解決手段として武力を用いない」ことを国是とする日本の原則を貫くべきである。二に、それでも、日米同盟を外交基軸とする国として、米軍が中東に行動を起こす際、日本の基地を使用することは許容する。同盟責任としては、四・七万人、一〇〇〇万坪の在日米軍基地を提供し、駐留経費の七割を日本側が負担するという現実で十分である。三に、イラク攻撃に関しては、直接間接の軍事支援もしないし、戦費の分担もしない。アフガン攻撃時の「テロ対策特別措置法」を拡大解釈したり、新たな法律によってイラク攻撃に加担するべきではない。したがって、「戦費の八割を同盟国に負担してもらう」ことを期待しているといわれる米国に対しても、明確に意思表示しておくべきである。

私が主張している政策は、ほぼドイツがとろうとしている政策である。無論、ドイツと日本とは置かれている状況が違うという指摘があることも理解している。ドイツには北朝鮮のような近隣の脅威がなく、米国に強く依存しなくてもよい。また、ドイツは「集団的自衛権」を明確に認め、PKOをはじめ国連活動に積極参加しているから発言に重みがあるなどの指摘は傾聴に値する。だが、より重要だと思うのは、ドイツは九三年に駐独米軍基地の地位協定を見直し、基地を使用目的ごとに再検討してドイツの主権を大きく回復したことである。日本の場合、六〇年安保以来四〇年以上もの間、在日米軍基地の地位協定の改定を持ち出したこともなく、在日米軍は「ほぼ占領軍のままともいうべき占有権に近い地位」を保持している。主権回復の努力を積み上げてきたドイツとの差が際立つわけで、事が起こって対応を迫られても、主体性ある行動などとりえないというのが現実なのである。

であるがゆえに、単なるイラク攻撃への賛否を超えて、この国の新しい外交基軸を再構築することを主張したいのである。私は、米国との関係の再設計なくして日本の未来はないことを発言(「柔らかい総合安全保障論の試み」中公新書『国家の論理と企業の論理』所収、一九九八年)し続けてきた。反米でも嫌米でもなく、日米同盟の重要性を評価する立場の人間こそ、在日米軍基地の縮小と地位協定の見直しを通じて日本の自立と主体性回復を志向し「相互敬愛」に立った日米関係を構築すべきというのが主旨であり、同時に、たとえ段階的にでも、ロシア、中国、北朝鮮、韓国をも招き入れた北東アジアの多国間の安全保障のスキームを実現すべきというものである。

結局、われわれは従来の枠組みと固定観念で二一世紀も生きるのか、新しい国際関係を創造するのかという選択肢の前に立たされている。世界は変わっている。欧州での統合の拡大と「欧州の欧州化」ともいうべき自立の模索、中国の台頭とアジア諸国の自覚・自尊の高まり、ロシアの再生に向けた地歩固め、この世界潮流を睨みながら、なお日本は敗戦と冷戦型パラダイムに硬直したまま生きていくのだろうか。

日本に欠ける検証報道

イラク戦争開戦直前の掲載時のまま再掲した論稿からおわかりのように、私はイラク戦争と日本が採るべき政策に関する自分の考え方を明らかにした。だが、残念ながら、アメリカは開戦を強行、日本もアメリカ追従の時代の空気の中で、イラク戦争を支持する政策を採用した。

イラク戦争前後に、私はNHKを始めとして多くのテレビ番組の討論に参加し、新聞・雑誌で自分の考えを主張した。向き合った論者・専門家たちの多くは、日本政府の意向を忖度《そんたく》してか、アメリカの戦争を支持する日本政府の政策に賛同していた。彼らはその後のイラクへの自衛隊派兵も支持した。彼らの論拠は「結局のところアメリカについていくしか日本には選択肢はないのだ」という浅薄なものだった。「イラクを取るのか、アメリカを取るのか」という単純な論理で、本当に議論すべきことを避けていた。

この頃の私の発言を収録したのが東洋経済新報社からの二冊『寺島実郎の発言――時代の深層底流を読む』(二〇〇一年)、『寺島実郎の発言II――経済人はなぜ平和に敏感でなければならないのか』(二〇〇七年)であり、読み返すと、あの頃の緊張感を思い出す。

言うまでもなく、アメリカがイラク戦争の大義とした「大量破壊兵器」なるものは存在しなかったことがその後明らかになり、開戦を決断したブッシュ政権は、それにより苛烈な批判にさらされることとなった。そして、イラク戦争についての、議会やメディアによる検証の中から、反省が生まれ、政権交代がなされて、政治が次のステージに進む。

またイギリスでも、議会やメディアが機能して、ブッシュを支持したブレアの開戦の判断が正しかったかどうか、徹底的に検証を行っている。それが次の意思決定の質を高めるのである。不確実な情報を鵜呑みにして、戦争の旗振り役をしたような人々は、厳しい検証にさらされて淘汰されていく。政策決定に携わる政治家や官僚がその結果に責任を負うのみならず、社会的に影響力を持つ発言者も、その発言に責任を持ち、間違った場合は退場を余儀なくされるのが常識なのである。

二〇一六年七月、イギリスの「イラク戦争に関する独立調査委員会」(チルコット委員会)は、七年間にわたる調査検証結果としての六〇〇〇頁の報告書を発表し、当時のブレア政権が根拠のないイラクの脅威を誇張し、準備不足の戦争にイギリスを引き込んだことを厳しく批判した。

これを受けたブレア元首相も、二時間におよぶ記者会見を開き、「不正確な情報に基づく参戦」だったことを認め、参戦の決断についての謝罪は拒んだが、イラク戦争がイギリス国民の犠牲のみならず、イラク人の死者（9万人～60万人）と「宗教対立によるテロリズム」を招いたことには無念と謝罪を涙目で繰り返した。政策に関与する責任の厳粛さと執拗に検証するシステムが民主主義を支えていることを強く印象づけられた。

「アメリカを無条件に支えることが、イギリスの同盟責任だと考えたことが誤りに導いた」とする報告書の指摘は、そのまま日本にも当てはまることだが、日本では「イラクに自衛隊を派遣した」判断がいっさい検証されることなく、時が経過している。

日本では、アメリカがそう主張しているのだからイラクには大量破壊兵器が存在するに決まっていると公言し、イラク戦争を支持した論者は、今日に至っても、イラク戦争についての自分の発言を総括するでも省察するでもなく、何ごともなかったかのような顔をして、メディアで発言を続け、体制が用意したポストを与えられている。それが日本という社会である。

しかも、注視すると、イラク戦争に賛成し、日本政府の政策を後押しした人たちは、見事なほどそのまま今日の安保法制に賛成の論陣を張り、集団的自衛権についての憲法解釈を変更する閣議決定を支持している。彼らは、日本には限られた選択肢しかないということを主張し、そこにこの国を追い込んでいくために見事な役割を果たしている。

私は苦笑いを噛み殺しながら、そうした学者・研究者・評論家・ジャーナリストなど、メディアにコメンテーターとして登場してくる人たちの発言を思い出し、首を傾げている。体制追随は安直で、見返りも大きい。自己保身だけが本音の人たちによって都合の良いメディア状況が作られ、日本の進路選択が歪められているのに、それを浄化する仕組みが機能していない。発言に対する厳しい検証のない日本は、「愚者の楽園」であり、無責任な発言をする論者でも「鉄面皮な開き直り」（俺だけが間違ったわけじゃない）をすれば、体制に媚びて飯が食えるのである。

なぜなのか。それは検証するべき側も、世界がまったく見えていないからであろう。冷戦が終わって約二五年、世界の秩序枠は大きな構造転換期を迎えている。敗戦、そして冷戦期に造られた「日米同盟」という枠組みについても、新しい時代において柔らかい構想で見直されるべきことは、歴史の筋道である。それでも、とりあえず既存の秩序枠に身を沈めて生きるほうが、快適である。そうした思考停止が、日本を卑しめているのだと思う。

日本社会に求められるのは、「厳しい検証」である。それは、メディアと連携したシンクタンクの役割かもしれない。大手メディア各社は、研究所や調査部等の組織を持つが、そうした組織と社会政策志向のシンクタンクが連携して、検証報道、調査報道に踏み込むべきであろう。「報道バラエティ番組」で笑い転げているうちに、この国の意思決定の質が加速度的に劣化していることに気付くべきである。

このことは、振り返れば「アジア太平洋戦争」の総括という問題にも通じる。戦後七〇年が経過したが、結局、戦争責任は連合国によって東京裁判などで追及されただけで、日本人が自らの手で戦争責任を検証することはついぞなかった。それればかりか、「一億総懺悔」などという無責任な言葉を大真面目に受け止めて、「みんなが悪かった」で済ませてしまい、誰も責任を取らないまま、時が経過した。「いまさら言ってみても」という諦めと無力感が漂い、厚顔無恥な人が薄笑いで生き延びるのである。日本という社会は、今日もなお、間違いを総括も検証もしない悲しみを引きずっているのだ。ユダヤ人の歴史にこだわり続ける執拗さにも辟易とさせられるが、歴史の筋道を問いかけることのない日本人の淡泊さもそろそろ克服されねばならない。

心に残る理解者と支援者

湾岸戦争前に『中央公論』に発表した「日本人は米国と中東の本当の関係を知らない」と、イラク戦争直前に『世界』に寄稿した「『不必要な戦争』を拒否する勇気と構想」の二つの論稿と、それに続くイラク戦争とアメリカについてのいくつかの論稿は、私にとっては諸刃の剣となった。

私は湾岸戦争やイラク戦争に突き進むアメリカの中東政策に厳しい批判をしていたし、アメリカの戦略と並走するしかないとする日本政府に対して、アメリカの政策をしっかりと検証する必要を迫っていた。そうした私の立ち位置を理解し、世界情勢の分析を評価してくださる方がいる一方で、残念な誤解もあり、思慮浅く「寺島さんは一〇年以上もアメリカに生活した割には反米的ですね」と非難する人もあった。「日本はアメリカについて行くしかないんですよ」という思考停止の人の冷たい視線と向き合うことにもなった。

いつの時代にも、政府の外交政策に拍手を送ることが自らの役割だと思い込み、政府への諫《かん》言《げん》を快く思わない人々は、経済人も含め少なくない。不愉快な思いをしたことも少なくなかった。

そのような中で、私の論点にしっかりと耳を傾け、支援してくれた先達もいた。思い出すのは、北海道電力の社長のほか北海道経済界の要職を歴任された故戸田一夫さんと、日本郵船社長や日経連（日本経営者団体連盟）会長を歴任された故根本二郎さんである。また、みずほ銀行の齋藤宏元頭取、滋賀銀行の高田紘一元頭取、北陸電力の新木富士雄元会長にも、常に励まされてきた。自分の頭で物事の本質を考える人たちであった。

「戸田さんとは、ワシントン時代に拙著『地球儀を手に考えるアメリカ』を手にお訪ねいただいて以来のお付き合いで、同郷の誼《よし》みもあり慈父の如くご指導いただいた。最後にお目にかかったのは二〇〇五年の七月末のことだった。「政治的現実主義」の名の下に多くのマスメディアがイラク戦争とその後のアメリカのイラク統治を支持する空気の中で、私の立ち位置は微妙であった。戸田さんが亡くなられる直前のことで、北海道電力本社でお会いした戸田さんは作務衣を着て車椅子に座っておられた。体調がすぐれない中、わざわざ病院から本社に出向いてくださった戸田さんは、私の論稿を読んでくださっていた。「日本の状況には忍びないものがあるが、あなたは軸がぶれない。胸を張って発言し続けてほしい」と、静かな語り口で激励してくださった。握手をして別れるとき、涙が出た。

また、ご自身が中東協力現地会議を主催する中東協力センターの会長も兼任されていた根本さんは、私の発言に深い理解を示し、「寺島君の話を聞いてみるべきだ」と言って、中東協力現地会議の基調講演者に私を推挙して下さった。それが、次章で触れる中東協力現地会議と私の縁の始まりだった。

政治家では、宮澤喜一、福田康夫さんの問題意識の高さと心の寛さに啓発されてきた。イラク戦争当時、福田康夫さんは政権の要職にもあり、私の視点を支持する立場ではなかったが、個人の勉強会に何回か招かれ、「彼とは意見を異にするが、彼の話は聞くに値する」と紹介され、その器量に心打たれた。

故加藤周一さんとの出会いも鮮烈だった。二〇〇三年一二月、イラク戦争の余燼くすぶる状況で、小生の発言を気にしてくれた加藤周一さんが訪ねてくれ、対談することになった。八四歳の老師の眼光は鋭く、イラク戦争を傍観し、結果として支持する知識人を話題にしたとき、「知的活動を先に進める力は、直観と結びついた感情的なものだ」と断言され、「目の前で子どもが殺されたら怒る能力が大事だ」と言われた。私は、今でも時々、加藤さんの眼を思い出している。

ワシントンから帰国後、私にはある決意と覚悟があった。それは、自分自身の歴史認識を一段と深めるための挑戦であった。まず、新潮社の『フォーサイト』誌に、「一九〇〇年への旅」と題して、二〇世紀とは何だったのかを探る連載を始めた。先人の足跡を正確に理解しようという試みで、欧州編は一九九七年八月から九九年九月にかけて連載、単行本化の後、『若き日本の肖像――一九〇〇年、欧州への旅』（新潮社、二〇一四年）と改題して新潮文庫となっており、アメリカ・太平洋編は二〇〇〇年一月から二〇〇二年七月にかけて連載、やはり単行本化の後、『二十世紀と格闘した先人たち――一九〇〇年　アジア・アメリカの興隆』（新潮社、二〇一五年）として新潮文庫になっている。

さらに、日本の戦後史をより詳細に踏み固める必要を痛感し、岩波書店の『世界』誌において、戦後日本を探査する論稿を積み上げ、『問いかけとしての戦後日本と日米同盟――能力のレッスンⅢ』（岩波書店、二〇一〇年）として単行本化した。また、二〇〇八年からは、「グローバル・

ヒストリー」の試みとして、世界史と日本史の相関の中で「近代」なるものを深く考察する必要を感じ、やはり『世界』誌で「一七世紀オランダからの視界」という連載を、現時点で三八回続けている。もうしばらく連載は続くが、自分自身の歴史の鏡を磨くことで、薄紙をはぐように歴史の羅針盤が少しずつ見えかけてきた。世界認識の再構築の挑戦である。

牛歩の歩みながら、自分自身の歴史認識を錬磨しなければ、時代を的確には捉えられないとの思いで、この作業を続けているが、歴史に向き合ってきて、私の心にある確信のようなものが芽生えてきている。それは、いかなる曲折を経ようとも、結局のところ、歴史は条理の側に動くということである。

第6章

今、中東・エネルギーをどう観るか

——全体知の視点から

一〇年を過ごしたアメリカ東海岸から帰国後、三井物産戦略研究所所長や日本総合研究所理事長の職にあった私は、9・11同時多発テロの衝撃、そしてイラク戦争という時代と並走しつつ、国のエネルギー戦略の立案にも参画することになった。

例えば、経済産業省資源エネルギー庁の総合資源エネルギー調査会の基本政策分科会委員として、数次にわたるエネルギー中期計画の策定に参画し、国家戦略という視点から、エネルギー問題を考え続けてきた。中東協力現地会議に招かれ始めたのは、私がエネルギー戦略の立案に参画し始めた時期と重なる。

本章では、イラク戦争から今日に至る世界の構造変化、とくに、イスラム過激派が国境を越えた「グローバル・ジハード」とでも表現すべき暴走を始めた世界の動きに関し、その深層ではいったい何が起こり、どのような地殻変動を起こしつつあるのか、これまでの私の体験を凝縮する意味で考察しておきたい。

この稿をまとめている二〇一六年七月、日本人七人を含む約二〇人がイスラム・ジハード主義勢力のテロリストによって、バングラデシュのダッカで殺戮されるという事件が起こった。ラマダンと言われる期間だけで、世界中で三九九人もがイスラム過激派によって殺されている。イスラム・ジハード主義は、中東の地域問題ではなく、まさにグローバル化しつつある。

「中東協力現地会議」への参画——定点観測者として

中東協力現地会議を主催する中東協力センターの設立の経緯を想うとき、戦後日本の経済界の先達には優れた人物がいたものだという思いがこみ上げてくる。一九七三年の石油危機に際し、「財界の鞍馬天狗」と称され日本興業銀行を率いていた中山素平や、三井物産の中興の祖と言われる水上達三といった人たちが、「中東を単に石油の供給源としてだけ捉えていてはだめだ、もっと中東全体と向き合わなければいけない」という問題意識を持って設立したのが中東協力センターだった。

公益法人として設立されたセンターの目的は「中東・北アフリカ諸国における産業経済の開発、貿易・投資の振興に対する日本の協力の推進に寄与すること」とされ、歴代会長には経団連トップが名を連ね、中東でビジネスを展開するほとんどすべての日本企業が会員となっている。前会長はトヨタの奥田碩さんである。

中東協力現地会議は、センター設立当初からOPECの本部があるウィーンなどの欧州や中東諸国で毎年開催されてきた。文字どおりの現地会議で、日本の企業と中東産油国の対話を狙った重要な会議である。日本からは毎年、中東でビジネスを展開する日本企業の経営者たちに加え、中東や北アフリカ諸国の日本大使、経産省の官僚ら総計三〇〇〜四〇〇人が参加し、産油国からは国王や政府要人のほか、ＯＰＥＣ事務局長や国際機関のエネルギー専門家らが参加する。二日間にわたる会議では多くの分科会も開催され、もちろん、ビジネスに直結するさまざまな情報が飛び交う場でもある。

私はイラク戦争終結の翌年の二〇〇四年八月にウィーンで開催されたこの会議で初めて基調講演を行って以降、一五年まで一〇回にわたり基調講演の役を果たしてきた。毎年の講演のため、イスラム圏であり、産油国でもある中東・北アフリカという地域を、世界情勢を鏡としながら定点観測し続ける作業は、私自身が中東・エネルギー問題についての考察を深めるうえで、重要な機会となった。この会議に足を運んで、私は何を発言してきたのか。残してきたメモを見つめながら、概略を再確認しておきたい。

中東協力現地会議で最初の基調講演を行った二〇〇四年は、イラク戦争でバグダッドが陥落し、サダム・フセインの銅像が引き倒された翌年で、中東でビジネスを展開する企業の関係者が多数集まった会議の雰囲気には、これから始まるアメリカのイラク統治に関わって、ビジネスチャンスを得ようとする期待が充満していた。

そのようななかで、私が基調講演で強調したのは次の二点だった。一つは、ＷＴＩ（ウェスト・テキサス・インターミディエート）がマネーゲームの対象となってきている、ということだ。

二一世紀に入り、世界経済が拡大基調にあった中で、エネルギー価格は経済の実体とかけ離れて暴騰しているように、私には見えた。そこで、「エネルギー市場のカジノ化」という表現を使って、WTIの取引がマネーゲームの舞台になりつつあるという実態に警鐘を鳴らした。後で詳述するが、本来WTIのWTはウェスト・テキサス、つまりテキサス州西部、ニューメキシコ州あたりで採掘される原油のことで、本来はローカルな指標に過ぎなかった。それがニューヨークの先物市場に上場されてから、原油の先物市場の基軸指標となり、マネーゲームの対象となり、本来の意味を歪め、実需給に関係なく思惑で動かされることになってしまったのである。

もう一つ、こちらは戦争終結後のイラクでビジネスの機会を窺《うかが》う当時の会議の雰囲気には水を差すことになったのだが、アメリカのイラク統治は必ず失敗するだろう、という見通しだった。世の中では、第二次世界大戦後にアメリカが日本統治に成功した例を引き合いに出して、「ネーションビルディング」（新生国家建設）という言葉を使って、アメリカのイラク統治に期待する機運が高まっていた。

しかし、第3章に記したとおり、アメリカの中東政策が失敗の連続だったことを考えても、私にはアメリカのイラク統治が成功するとは思えなかった。特に、シーア派イスラムが人口の六割を占めるイラクで「民主化」の建前で選挙をすれば、必ず宗派間対立を高め、不安定化に向かうことは読み切れていた。そこで日本は、アメリカのイラク統治に過度な期待をすることを控え、中東政策においてこそ、創造的バランス感覚を持つことが重要であると強調した。

アメリカはイラク統治に失敗するであろうとする見通しは、参加者にインパクトを与えたと思う。私の心には、中東を体験し、目撃してきた日本人としての、責任意識があった。イラク復興需要を期待するお祭り騒ぎの空気を抑制することになったのか、翌年の中東協力現地会議には招待されなかった。しかし、周知のとおりアメリカのイラク統治は失敗に終わった。そして二年後、私は再び中東協力センターからの招致を受け、現地会議で二度目の基調講演を行うことになった。以降、私の都合で欠席した二〇〇七年を除き、毎年参加させてもらっている。

二〇〇六年のウィーン会議では、「アメリカのイラク統治失敗」の顕在化と、石油市場が二年前より一段とマネーゲーム化していることを指摘した。ドバイで開催された〇八年八月の現地会議の直前の時点では、史上最高値の一四七ドルとなっていたが、翌月のリーマン・ショックを転機として急落、年末には三二ドルになった。また、「イラクの失敗」で世界のリーダーたる「正当性」を喪失したアメリカの、中東における求心力の低下を予測し、「米国なき中東」への予兆を語った。

二〇一〇年にアブダビで開催された会議では、「中東における地殻変動」の可能性に言及し、中東全体がアメリカの中東からの後退を背景に「覇権なき中東」に向かい、親米のイスラム諸国から秩序の動揺期に入る可能性を予想した。読み筋どおり、年末にはチュニジアから「アラブの春」の連鎖が始まった。

翌二〇一一年のイスタンブール会議でも、「米国の後退」によってペルシャ湾北側に巨大なシーア派イスラムのゾーンが形成され、中東全域にこのインパクトが顕在化することを予想した。現在、イラン、イラク、シリア、レバノンをつなぐ形で「シーア派の三日月」が形成され、シーア派イランの影響力が拡大しており、このことが中東の秩序を大きく突き動かしているのである。

二〇一三年のドバイ会議では、世界のエネルギー・パラダイムの転換の予兆を指摘した。「シェールガス・シェールオイル革命」によって、アメリカが世界一の産油国になる可能性を示唆し、結果、アメリカのエネルギー戦略における中東の位置づけに変化が起きると予想した。

そして、二〇一四年のイスタンブールにおいては、トルコとイランという二つの地域パワーの台頭が中東の力学を変え始めている構造を検証した。

また、二〇一五年のミュンヘン会議では、ISIS（イスラム国）に象徴される「イスラム・ジハード主義」の台頭とシリア問題を示す中東の液状化を検証し、その中での日本の果たすべき役割を探求した。

今、中東、そして世界のエネルギー地政学において進行していること

こうした中東協力現地会議という舞台で、この一〇年以上にわたり、私が発言してきたことを踏まえ、今、中東および世界のエネルギー地政学において進行していることに関し、以下の三点について議論を深めておきたい。

①エネルギー問題に絡みつくマネーゲーム的要素——アメリカの中東戦略の基調変化と石油価格乱高下の構造

②中東情勢を壟断《ろうだん》してきた大国の横暴の限界——サイクス・ピコ協定から一〇〇年

③中東一神教とその対立の構造——今、再び四〇〇年ぶりの宗教の甦り（イスラム・ジハード主義台頭の構造）

①エネルギー問題に絡みつくマネーゲーム的要素——アメリカの中東戦略の基調変化と石油価格乱高下の構造

アメリカの原油先物取引ではＷＴＩが指標として用いられている。前述のごとく、ＷＴＩとはWest Texas Intermediate の略語で、アメリカのテキサス州西部地域の原油価格のことであ

る。実需はせいぜい一日一〇〇万バレル前後と言われるこの極めてローカルな原油価格の指標が、一九八三年にニューヨークの先物市場に上場されるや、WTIという指標の下に、多い日には一日一億バレルが取引されるという異常な事態が恒常化している。

先述のごとく、中東協力現地会議で初めての基調講演を行った二〇〇四年、私はこの問題を取り上げ、原油先物取引がマネーゲームの対象となっていることを指摘し警鐘を鳴らした。9・11の前日、二〇〇一年九月一〇日には一バレル二八ドルだったWTIが、二〇〇四年には四〇ドルに跳ね上がっていた。ニューヨークのテロにより中東情勢が不安定になったことを要因として、高騰していたのである。

高騰はさらに続き、三度目の講演を行った二〇〇八年七月（洞爺湖サミットの直前）には一四七ドルに達した。私は機会のあるたびに、原油価格が、現実の需給関係とはかけ離れたマネーゲームの対象になっていることへの憂慮を表明してきたが、その指摘に対して、当時のエネルギー問題の専門家と言われる人々は冷たい視線を送るだけだった。彼らは、二一世紀に入り世界経済は過熱に近いほどの成長軌道にあり、実需の着実な増大に供給力が追いつかないことを原油価格の高騰の原因だと説明していた。

しかし、翌月、リーマン・ショックが起こり、その年の末には原油価格は一バレル三二ドルにまで落ち込んだ。半年の間に一四七ドルが三二ドルにまで下落するような需給構造の変化が起こったはずはない。原油価格がマネーゲームの対象となっている状況が、誰の目にも明らかになったのである。

二一世紀の初頭からのエネルギー価格の高騰に、勝ち組としてもっとも大きな恩恵を受けたのは、ロシアであった。エリツィンの後を引き継いでプーチンがロシア大統領として初めて国際舞台に登場したのは二〇〇〇年の沖縄サミットだった。当時のロシアはソ連崩壊後の混乱から抜け出せない状況で、多くの人からロシアには未来はないと見なされるありさまだった。ところが、一バレル一四七ドルだった〇八年の洞爺湖サミットに出席したプーチンは別人だった。わずか八年でロシアを蘇らせたプーチンは国内で絶大な人気を誇り、国際社会での発言力も強めていた。再選禁止規定のある大統領職を一度は退任後、後継のメドベージェフ大統領政府の首相を務めた後に再び大統領に返り咲くという荒業で権力を保持し、帝政時代になぞらえて〝皇帝〟と揶揄されるほどの権勢を誇っている。

プーチンを〝皇帝〟にしたのはエネルギー価格の高騰であった。ソ連崩壊後の混乱にあったロシアで、外貨を稼ぐ手段は化石燃料だけだった。そのような状況下で、原油の価格（WTI）が二〇〇一年の二八ドルから〇八年の一四七ドルまで五倍以上に跳ね上がった。プーチンは二一世紀初頭のそうした世界潮流の恩恵を受け、ダッチロールを続けていたロシア経済を好転させることができたのである。経済の好転によりロシアは大国としての威信を取り戻し、世界の政治状況は大きく変わった。冷戦時代、東側諸国の盟主だったロシアを蘇らせたのが資本主義のマネーゲームによる原油高騰であったとは、なんとも皮肉なことである。

●ハイイールド債という悩ましい新局面

さて、私が長期にわたり再三指摘してきたとおり、国際的な原油取引は「過剰流動性」がどこに向かうかというマネーゲーム的要素によって揺さぶられ続け、さらに歪んだウォールストリートの懲りない人々によって、一段と悩ましい構造に追いやられているのが、今日的状況だともいえる。

原油価格とハイイールド債のスプレッドの推移を示した図1を注視してほしい。原油価格の下落により、エネルギー関連投資のリスクが高まり、もっとも安定した米一〇年物国債の利回りとハイイールド債との利回りの差であるスプレッドは急上昇し、一六年二月には八％台となっていた。リスクの臨界点といえる数字だ。その後、原油価格のバレル五〇ドル台への回復があり、スプレッドは六％台にまで下がり落ち着いているが、予断を許さない。

ハイイールド債というのは、ハイリスク・ハイリターンの格付けの低い債券のことで、かつては「ジャンクボンド」と呼ばれていた債券である。問題なのはエネルギー関連のハイイールド債だ。アメリカのシェールガス・オイルブームに乗って膨大な量が売られ、世界中から投機的

図1　原油価格とハイイールド債

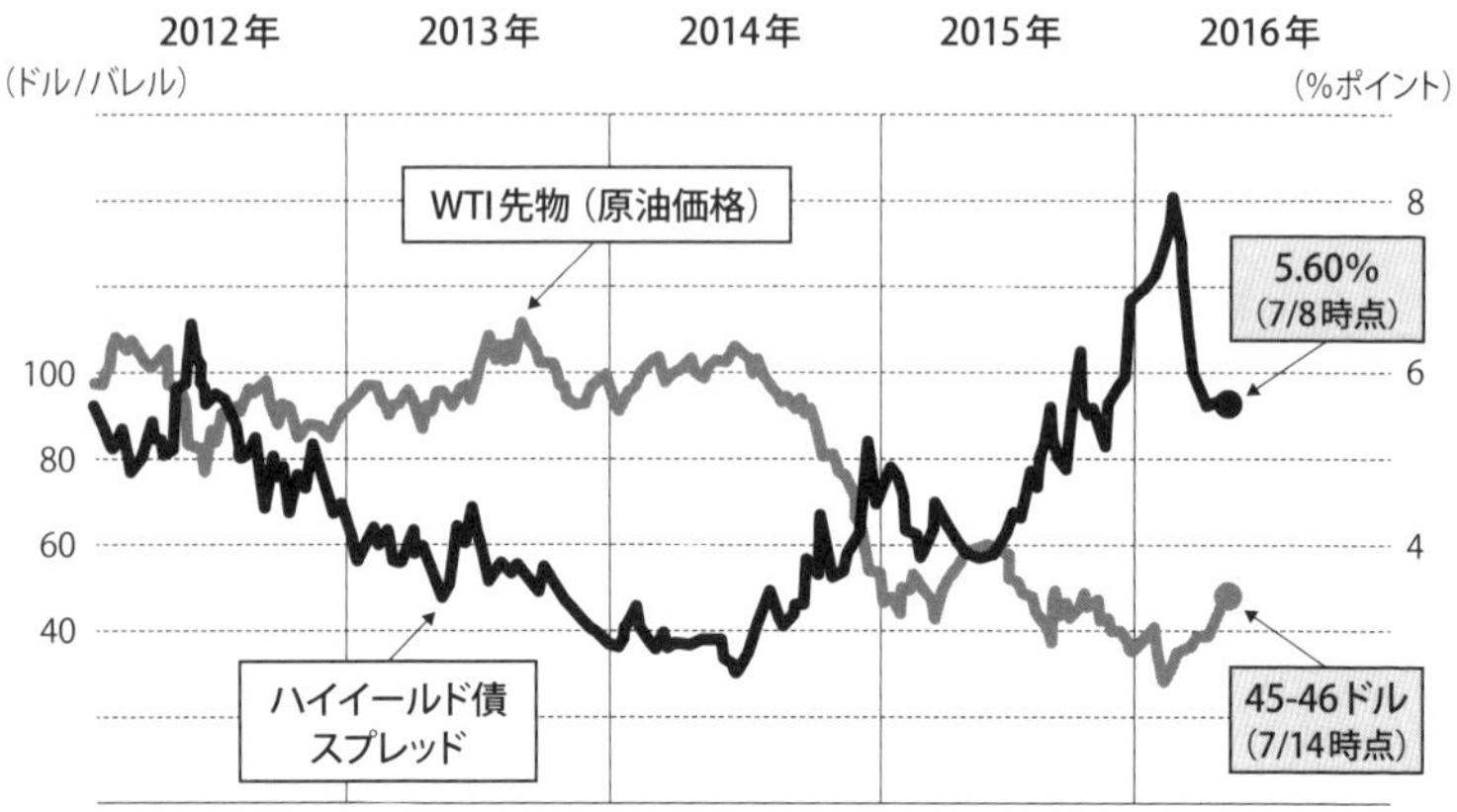

（出所）ブルームバーグ等

な資金が群がった。つまり、ハイリスクは小さな声で、ハイリターンを誘い文句に、アメリカのシェールガス・オイルブームで儲けませんかと世界中の投資家を誘い込んだわけだ。ところが、二〇一四年秋口では、バレル一〇〇ドル前後で推移していた原油価格が、一時は二六ドル台まで落ち込み、一気に投資としてデフォルトの危険が高まってきたのである。

エネルギー価格の下落は、日本人の常識では、日本経済にとっては追い風である。エネルギーを海外に依存している日本にしてみれば、原油が安く買えればガソリン代も電気代も安くなってハッピーだと考えて当然である。

だが、ウォールストリートのマネーゲーマーが絡むと、エネルギーの話とは次元の異なるリスクが見え隠れし始める。それが「原油価

図2　原油価格（WTI）の推移

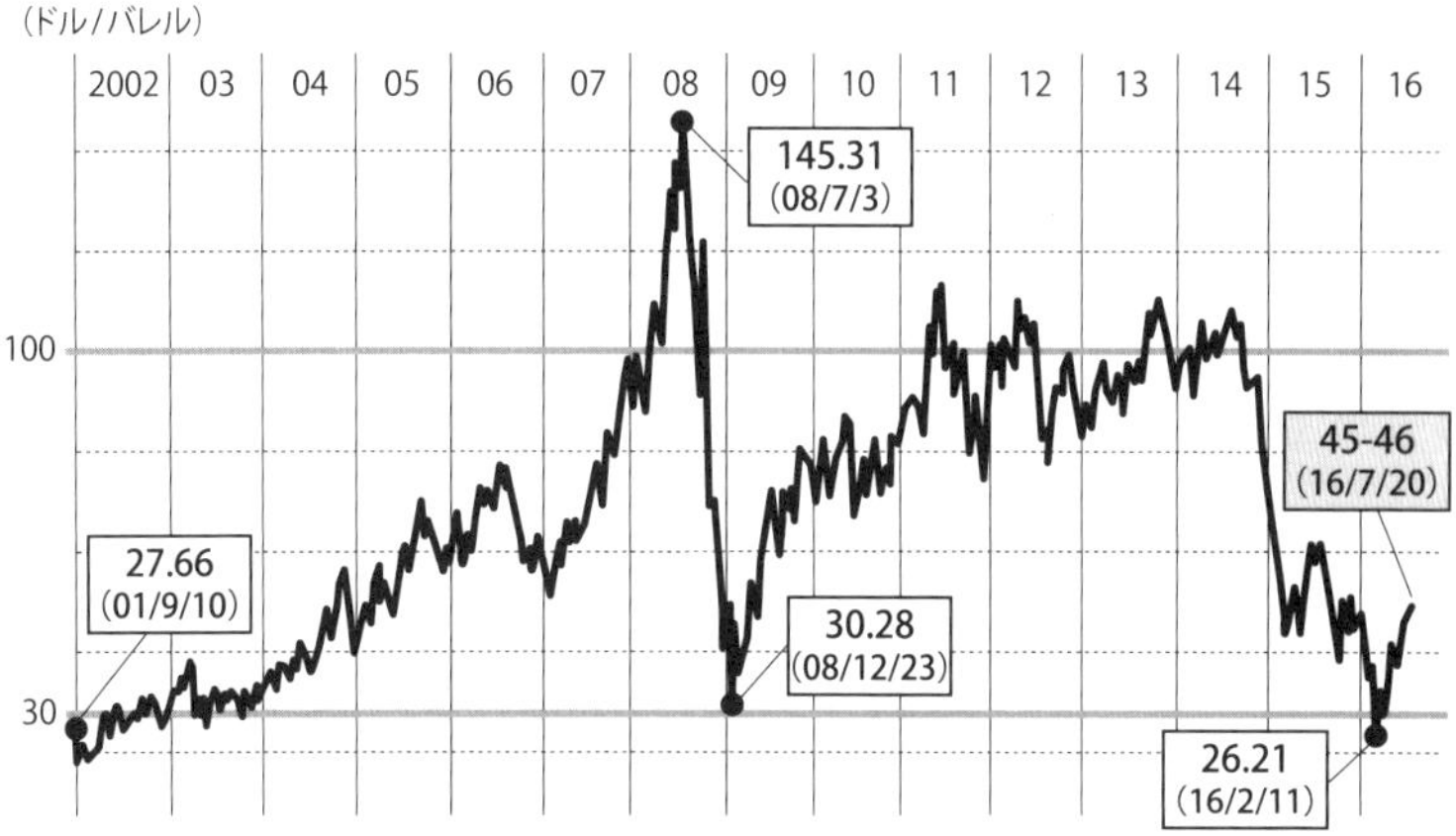

（出所）米国エネルギー情報局

格が二〇一六年の世界経済の最大のリスク」と言われるゆえんなのである（図2）。

つまり、原油をマネーゲームの対象にして、WTIの下落を梃子に投資家のカネをマネーゲームにひきずり込んだ案件が破綻する事態になれば、反転してマネーゲームが実体経済を揺るがすという状況が生まれかねない。そこが、いま世界経済が置かれている悩ましさである。マネーゲームと実体経済が、分化不能であるかのように接合し、切り離そうにも切り離せない状態になっているのだ。

●原油価格下落の背景にあるアメリカの化石燃料革命――世界一の産油国となったアメリカ

では、なぜ原油価格はこれほど下落したの

図3　原油生産量ランキングの推移

（単位：日量バレル）

			2015年	2014年	2013年	2012年
1	アメリカ		**1,270万**	1,172万	1,006万	888万
2	サウジアラビア	OPEC	**1,201万**	1,151万	1,139万	1,164万
3	ロシア		**1,098万**	1,084万	1,078万	1,064万
4	カナダ		**439万**	428万	400万	374万
5	中国		**431万**	425万	422万	416万
6	イラク	OPEC	**403万**	329万	314万	312万
7	イラン	OPEC	**392万**	374万	361万	381万
8	アラブ首長国連邦	OPEC	**390万**	369万	364万	340万
9	クウェート	OPEC	**310万**	312万	313万	317万
10	ベネズエラ	OPEC	**263万**	269万	268万	270万
	OPEC		**3,823万**	3,665万	3,662万	3,754万

（出所）BP統計

か。それには明確な理由がある。アメリカが世界一の原油生産国になってしまったことがその主因である。イギリスに本拠を置くエネルギーメジャーBP社の統計によると、アメリカは二〇一四年にサウジアラビアを抜いて原油生産量ランキング首位に躍り出た。世界経済の失速で需要が落ち込んだことが価格下落の要因と説明する人もいるが、アメリカの原油増産により、供給過剰となったことが大きな要因であることも間違いない。一五年におけるアメリカの原油生産量は日量一二七〇万バレルと、OPEC全体（日量三八二三万バレル）の約三分の一を産出する国になってしまった（図3）。

詳しく見てみよう。まずは、アメリカが原油増産に向かった要因である。七年前の二〇〇九年、黒人初の大統領として華々しく登場したバラク・オバマは、「再生可能エネルギー重視」へ舵を切ると宣言し、エネルギー政策の転換をぶち上げた。太陽光発電、風力発電、バイオマスなどを重視する「グリーン・ニューディール」政策である。

ところが、いわゆるシェールガス革命により状況は一変する。北米大陸からシェールガスという天然ガスが噴き出てしまったのである。頁岩《けつがん》層の隙間に埋蔵された天然ガスを回収する技術が確立されたのである。ベンチャー企業による「水平掘削、水圧破砕」という技術革新によるところが大きい。そこにメジャーも参入して、瞬く間にアメリカは世界一の天然ガス生産国になる。

安い天然ガスを武器に、アメリカの化学工業の競争力が蘇るとまで言われた。しかし、供給過剰となり、天然ガスの価格は下落し、ビジネスモデルとしての収益性が下落した。すると、シェールガスに集まっていた投資が、比較的高い価格を維持していた原油に向かい始めた。約五年ほど前のことだ。

二〇一二年の中東協力現地会議のあたりから、私は世界のエネルギー・パラダイムの転換の可能性を指摘し、アメリカが世界一の化石燃料生産国になることの意味を示唆した。こうした状況を踏まえてのことだった。そして、実際にアメリカは世界一の天然ガスの生産国となり、さらに、一四年には世界一の原油生産国になってしまった。オバマ大統領が「グリーン・ニューディール」を提唱してわずか五年で、何とも皮肉なことが起こったのである。

さて、ここからが世界のエネルギー需給を考えるうえでの重要なポイントである。供給過剰であるなら、生産調整をすればよいではないかと誰もが思う。しかし、そう単純には動かない。例えば、イラン、さらにはロシアという要素が絡んでくるからだ。

BP社の二〇一五年の原油生産量国別ランキング（図3）に注目してみよう。イランが第七位にランクされている。一六年一月の「核合意」を受け、国際社会のイラン経済制裁が解除されたため、このイランの原油が国際市場に再び帰ってくる状況が生まれた。イランの生産量は制裁下の一五年においても、日量三九二万バレルにまで増えているが、一六年上半期においてはすでに五〇〇万バレルにまで増産されているとの見方もある。ロシアも一五年に一一〇〇万バレルにまで増産、少なくとも一七年春までは実効ある「生産調整」を実現するのは難しいと見られる。

さらに、二〇一五年一二月のことだが、アメリカが一九七五年以来禁止していた原油の輸出を解禁した。それまでも加工品であるガソリンなどは輸出できたが、原油のまま輸出できるようになって、アメリカの原油が欧州や日本へも動き出している。アメリカの意図の一つは、ロシアに対する牽制だ。ロシアの外貨獲得の手段は天然ガスと原油である。一四年のウクライナ危機以降、アメリカはロシアに対する牽制の意図も込めて、化石燃料の増産を加速させたとも言え、さらにロシアが原油輸出市場としてきた地域への参入を図ったわけである。このことが、原油価格をさらに抑制する要因となった。

イランへの制裁解除でサウジアラビアの苛立ちと対米不信は募り、二〇一六年に入りついに、イランと国交を断絶して、世界に衝撃が走った。これまでの中東・エネルギー専門家のロジックであれば、イランとサウジアラビアが国交断絶したら、湾岸危機が危惧され、ホルムズ海峡が封鎖されるのではという憶測だけで、原油価格は跳ね上がっていた。しかし、今回はそうならず、むしろ下落要因となった。なぜなら、断交によりOPECにおける生産調整の合意は遠のいたと判断されたからだ。一六年後半に向けて、OPEC内、さらにロシアも巻き込んだ生産調整、増産抑制の動きも見られるが、需給構造が変わるのには時間を要するであろう。

つまり、原油価格が急速に高値に回復するという可能性は当面は見えない。そのため、前述のハイイールド債のリスクが高まっているわけだ。エネルギーの需給バランスに、マネーゲームが絡みつき、そこに国際政治が影を落とす。それらがエネルギー問題を複雑にしていることを知っておかなければならない。ただし、世界経済が年率三%前後の実質成長を続ける限り、中長期的には化石燃料の需給構造はタイトに向かう。変化の潮目が見えると、マネーゲーマーたちが意図的に煽る。こうしてエネルギー価格が乱高下する理由がそこにあることも忘れてはならない。

②中東情勢を壟断してきた大国の横暴の限界――サイクス・ピコ協定から一〇〇年

世界を理解するために、今、中東で起こっていることでもっとも注目しなければならないのは何か。それは、アメリカのイラク統治失敗により、中東におけるアメリカのプレゼンスが急速に後退していることだ。私はイラク戦争の熱狂の中においても、アメリカのイラク統治は失敗すると予想していた。そして、世界のリーダーたる「正当性」を喪失したアメリカの中東における求心力の低下がもたらす、「米国なき中東」への構造変化を予感した。

アメリカの中東からの後退にはもう一つ理由があった。前項に記述したとおり、アメリカのエネルギー戦略において中東の持つ意味が変わったということであり、中東に依存しなくてもアメリカのエネルギー戦略は成り立つという構造が見えてきたことである。アメリカの足元におけるシェールガス・シェールオイル革命によって、アメリカにとって中東が持つ意味が変わってきたのである。

ペルシャ湾を囲むサウジアラビア、カタール、UAEなどの湾岸産油国は、アメリカの企業が権益を持っているため、アメリカにとってはバイタルインタレスト（死活的利益）だ。そのため、現在でもアメリカは戦艦を派遣してでも湾岸諸国を守り抜くという態勢を変えていない。だが、その外縁にあたる中東諸国は、エジプト、イエメンにしろ、シリア、アフガニスタンにしろ、アメリカにとって「アメリカの若者の血」というリスクを負ってまで守り抜く必然性はなくなった。イラク戦争に反対していたオバマが大統領に就任して以来、アメリカが湾岸産油国を除く中東に対して「動かないし、動けない」ことには、そのような理由があった。

イラク統治の失敗でアメリカの求心力が低下したのは事実だ。一方で、アメリカが中東から後退したのは、アメリカのエネルギー戦略上、湾岸産油国以外の中東諸国のプライオリティが低下したから、というのも本当のことだ。「米国なき中東」というのは、二重構造になっているのだ。

繰り返し述べてきたように、アメリカの中東戦略は失敗の歴史だった。一九六八年にイギリスがスエズ運河の東側から引き下がった後、イギリスに代わって湾岸の覇権を握ったアメリカは、パーレビ王朝が近代化を進めたイランを守り本尊のように支援して、中東を制御下に置こうとした。だが、七九年にイラン革命が起こりアメリカの政策は迷走する。アメリカはイランへの失望と憎しみのあまり、イランと敵対するイラクのサダム・フセインを支援し「イラン・イラク戦争」を戦わせた。今度は、そのフセインが増長して、アメリカに襲いかかってきた。湾岸戦争、そして9・11の後、逆上したアメリカは思慮分別を失い、テロとは関わりのないイラクに一方的に攻め込み、フセインを血祭りにあげたが、「イラクの民主化」を掲げた戦後統治に失敗した。あまりにも横暴、かつ悲しいまでの地域政策の失敗であった。

図4　欧州列強による中東の国境線

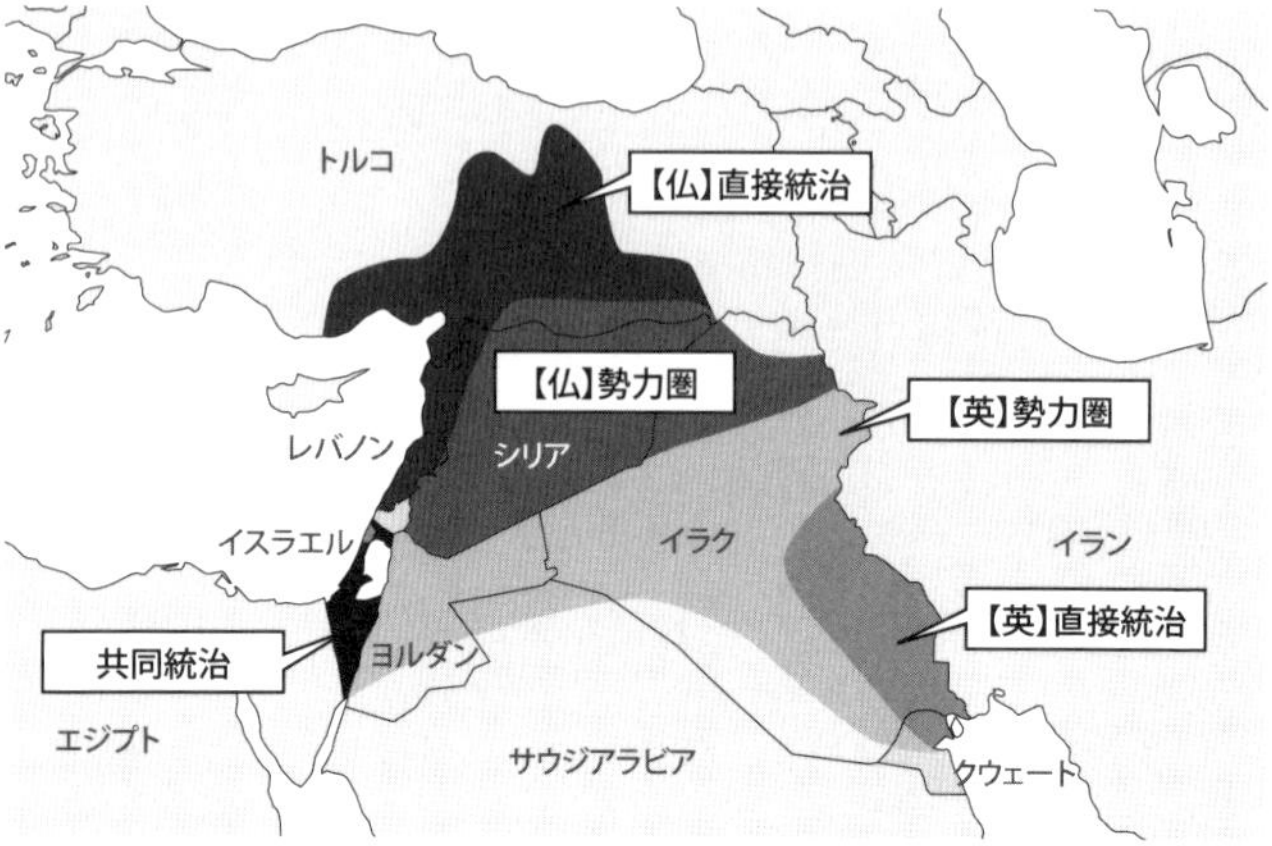

さらに遡ると、中東の現代史は大国の横暴の歴史そのものであった。すでに触れたとおり、二〇一六年はサイクス・ピコ協定から一〇〇年の節目の年だ。第一次世界大戦後、オスマン帝国を解体した欧州列強の英仏が、中東に欧州の利権を確立するために地図上に引いた線が、その後の中東の国境線の基礎となった。中東の民族の歴史には何の言われもない〝国境〟が、イギリス、そしてアメリカの後退により、液状化しているのが今の中東であり、大国の横暴の限界が見えてきている。

●イスラムの台頭

アメリカの中東からの後退のあとに登場してきたキーワードが「イスラムの台頭」である。イスラムは大きく二つの勢力に分かれる。一つは六一〇年にムハンマドがイスラム教を確立したとされるアラビア半島を中心とする、われわれが「アラブ」と呼ぶゾーンであり、もう一つがその後のイスラム教の浸透により、新たにイスラム圏となった、かつてのペルシャや、オスマン帝国の歴史を背景とするトルコなどの国々である。さらに、その勢力はイスラム商人の活動によってインドネシアやマレーシア、パキスタン、バングラデシュなどの東南アジア諸国にも及ぶ。この大国の横暴に抑圧されてきたイスラムが、大国の後退に相関する形で、鳴動し始めているのだ。

近年、イスラム圏で起こっていることで括目すべきことの一つは、「アラブの春」であろう。「アラブの春」とは二〇一〇年一二月にチュニジアで起こったジャスミン革命に端を発し、アラブ諸国に伝播した民主化を求める人々のうねりである。一〇年夏にアブダビで開催された中東協力現地会議で、私は「アラブの春」を予想していた。もちろん、根拠があってのことだ。中東におけるアメリカのプレゼンスが後退すれば、アメリカの強い影響下にあったエジプトやチュニジアなど、親米のアラブ穏健派と呼ばれる国々で秩序の変更という動揺が生じてくることは、十分予測できた。

民主化を求める民衆の力のうねりは、北アフリカに留まらず、イエメンやヨルダン、オマーンなどの中東・湾岸諸国にも波及する勢いを見せた。しかし、マスメディアがそれを「挫折」という言葉で総括するごとく、成功裏に進んでいるとは言えない。エジプトは軍事専制に逆戻りし、リビアもシリアも混迷を深めている。湾岸産油国だけは、「民主的」とは言えない政治体制であっても、親米政権の安定を守るため、アメリカが死にもの狂いで民主化の波及の阻止に動き、表層の安定は維持している。

ここに、アメリカのダブルスタンダード（二重基準）が透けて見える。一方では、民主化を大義名分に他国の政治体制に手を突っ込むことを繰り返しながら、自国の権益を守るためなら非民主国家の政情安定にも汗を流すのがアメリカなのだ。だが、一見「挫折」し混迷を深めるアラブの春以降の中東だが、大きな流れから言えば、大国の介入を拒否し、自らの運命を自ら決めるという中に立ちつつあることも確かで、大国の思いどおりの秩序という時代には戻らないであろう。

●イランとトルコの台頭

大国の横暴が後退する中で、今中東で進行する大きな流れが、イランとトルコという地域パワーの台頭というべきであろう。私には中東史の深層底流への回帰とも思えるのである。西欧が中東史に介入する以前、中東においてはオスマン帝国が秩序の基軸であった。一二九九年の帝国成立から一九二二年の崩壊まで、一六～一七世紀の二度のウィーン包囲で西欧を震撼させるほど、オスマン帝国の存在は重く、その壁が「大航海時代」を誘発したことはすでに述べた。

そして、そのオスマン帝国の背後にサファヴィー朝のペルシャ（一五〇一～一七三六年）が存在し、シーア派イスラムを国教化して今日の「シーア派イラン」の原型を作った。一五八七年に即位したアッバース一世の黄金期にはイスファハーンを首都として、オスマン帝国と中東を二分する繁栄を築いていた。このことを思い起こすと、今中東で進行していることは、域外の大国の横暴が後退して、埋め込まれていたこの地域の深層力学が炙り出されてきたようにも思えるのである。

言うまでもなく、「イランの台頭」は、換言すればシーア派イスラムの台頭である。サダム・フセイン政権はイラク国内では少数派のスンニ派政権だった。フセインを葬り去ったアメリカは、「イラクの民主化」を掲げ、選挙を行った。結果、人口の六割を占めるシーア派主導の政権が誕生した。シーア派の大国は隣のイランである。当然の帰結として、イラクにおけるイランの影響力は高まった。ペルシャ湾の北側にイランからイラク、シリアに至る巨大な「シーア派の三日月」地帯と言われたゾーンが形成された。つまり、アメリカはフセインを葬ったことで、皮肉にもシーア派イランの勢力拡大を利する力学を生み出した。

今、懸案のＩＳＩＳ（イスラム国）なる存在も、イラクがシーア派主導の政体になったことで孤立感を深めたスンニ派の過激派勢力が母体となって発生したもので、そのＩＳＩＳを攻撃するために、アメリカ軍とイラン革命防衛隊が連携している現実は、正にブラックジョークである。アメリカおよび有志連合はイラク、シリア内のISIS勢力の空爆を続けているが、地上戦でISISと戦っているのは、本来的には利害相反するはずのイラン革命防衛隊やクルド人勢力に依存するという複雑な構図になっているのだ。

中東でのイランの影響力が大きくなっていることに、苛立ちを隠せないのがサウジアラビアとイスラエルだ。イランの強大化はサウジアラビアにとっては呪われたシナリオである。なぜなら、「核開発疑惑」での制裁解除により、原油の輸出で資金が潤沢となったイランがイエメンの過激派を支援したり、パレスチナを支援したり、レバノンのヒズボラを支援したりすれば、窮地に立たされるのはサウジアラビアであることが目に見えているからにほかならない。二〇一六年に入ってのサウジアラビアとイランの国交断絶にはこうした背景がある。

イランとの核合意は、アメリカにとってイスラムの核を抑えるための苦肉の策だったはずだが、その結果を、長くアメリカの同盟国だったサウジアラビアとイスラエルは屈折した思いで見ている。イランが地域パワーとして強大化するのを、核抑止という名目でアメリカ自身が支援することになり、友好国だったはずのサウジアラビアやイスラエルを窮地に陥れるという構図になっているからだ。

今、シリアの混乱、難民に世界の関心が集まっているが、今後の中東を突き動かす「火薬庫」的要素は、サウジアラビアとイスラエルだと思う。アメリカのイラン接近に苛立つサウジアラビアは、二〇一五年にはイランが支援するイエメンの反政府勢力「フーシ派」への空爆を開始した。世界最大の武器の輸入国がサウジアラビアであり、しかも人口の少ないサウジアラビアなど湾岸産油国の軍隊は「傭兵」のような外国人部隊が関与しており、不安定である。加えて、原油価格の下落によって国家財政が動揺し、基本的に体制の安定性が揺らぎつつある。

サウジアラビアでは、二〇一五年一月にアブドラ国王が死去、サルマン皇太子が第七代の国王となった。注目すべきは、三〇歳の王子ムハンマドを副皇太子としたことで、この若者が国務大臣経済開発評議会議長、国営石油会社アラムコの代表となり、この国の運命を担うかたちとなった。二〇一五年の国家財政が原油安で約一〇〇〇億ドル（一一兆円）の赤字となったことを受け、石油に依存しない国家への改造を目指す「サウジビジョン２０３０」などを米系コンサルタント会社、エンジニアリング会社の参画で作成、必死の国家再建を図るが、ＩＳＩＳなど過激派テロとイランの台頭に極めて神経質になっており、米国の湾岸産油国における「最後の砦」であるだけに動向が注目される。

暗黙の核武装国家イスラエルも不気味な苛立ちを募らせている。戦闘機から無人偵察機、ミサイルに至るイスラエルの武器の開発・輸出力は驚くべきもので、今はパレスチナを封印する巨大な壁を作っているこの国がどう動くかは中東の命運を左右するであろう。

二〇〇九年二月に大イスラエル主義を掲げ、ユダヤ人入植活動を推進し、中東和平に消極的な右派リクードが政権を掌握し、ネタニヤフが首相に就いた。背景には、米国のイラク侵攻に反発したイランが、アハマディネジャドという反米・強行派政権を成立させたことへの反発があった。

その後イランは二〇一三年に穏健派のロウハニ政権となり、国際社会と「核合意」を実現したものの、イスラエルは反発、オバマ米政権との相互不信は深まり、イスラエルの動きが、中東の潜在不安となりつつある。シリアの混乱にも微妙に関与し、シリアに入っているレバノンのヒズボラ、イラン革命防衛隊への攻撃を行っている。

その中東の新たな火種となりかねない要素が「原子力」である。今、中東は原子力ブームである。ロシアがトルコ、アルジェリア、エジプト、イラン、ヨルダンと原子力プラントの建設で契約、トルコとの関係が悪化して不透明な面もあるが、積極的に動いている。韓国はUAEで四基を建設中で、二〇一七年稼働を目指す。アメリカは、電力大手のエクセロンが「GE・日立」「WH・東芝」と提携してサウジアラビアでの一八基建設を目指す。

もちろん、原発即核武装という話ではないが、平和利用と軍事利用が表裏一体だけに、原子力の話は微妙である。中東のように不安要素を内在させている地域の原子力は、必ず地域の不安材料となり、過去にもイスラエルによる原子力施設攻撃（一九八一年、イラクのオシラク原発、二〇〇七年シリアのキバール原発）やハマスによるイスラエルのディモナ原発攻撃などが繰り返されており、テロリストの標的になる危険は否定できない。

ロシアがシリアのアサド政権支援にこだわるのも、シリアに有するタルトゥース海軍基地を確保しておきたい意図とともに、ロシアにとってシリアは重要な武器輸出先であり、中東は「石油と武器」という要素が絡まって、「ユーラシアの柔らかい下腹部」として「大国の横暴」の舞台となり続けかねないのである。

③中東一神教とその対立の構造——今、再び四〇〇年ぶりの宗教の甦り（イスラム・ジハード主義台頭の構造）

戦後世界史を見つめてきた九三歳のヘンリー・キッシンジャーは近著 *World Order*（二〇一四年）において、世界は四〇〇年ぶりの構造転換期に直面しているとして、世界を突き動かす宗教という要素の蘇りという視座を提起している。一六四八年のウェストファリア条約以来の構造転換期ということである。

一六四八年のウェストファリア条約は、神聖ローマ帝国を舞台として、全欧州を巻き込みカトリックとプロテスタントが骨肉の戦いを繰り広げた三十年戦争の終結点で結ばれた条約である。この条約により、欧州の政治はローマ教皇や神聖ローマ帝国皇帝といった国家を超越した宗教的権威・権力から自立し、「宗教からの政治の解放」と「国家間の勢力均衡」を確認し、近代国際秩序の起点となった条約とされる。サイクス・ピコ協定よりさらに長いスパンで俯瞰すれば、現在、世界で起こっていることは、ウェストファリア条約以降、政治を動かす要素として表舞台に現れてこなかった宗教が、再び国際社会を大きく揺るがす要素になりつつあるということだ。

とりわけ、「イスラムの台頭」という大波が世界を襲っている。日本人には実感の湧かないテーマなのだが、本来「中東一神教」として根は一つのはずのキリスト教とイスラム教がなぜ憎悪に燃えて戦うのかを歴史的に整理しておきたい。

キリスト教とイスラム教の衝突の歴史を振り返れば、その第一の衝突は八世紀前半のウマイヤ朝イスラムのキリスト教国への侵攻である。八世紀初頭に全盛期を迎えたウマイヤ朝は、東ローマ帝国から北アフリカを奪うと、七一五年にはイベリア半島に進出して西ゴート王国を滅ぼした。さらにピレネー山脈を越えてフランク王国と激突したのが七三二年のトゥール・ポワティエ間の戦いである。戦いにはフランク王国が勝利しウマイヤ朝軍は西に後退したが、以後、一四九二年にイベリア半島からイスラム勢力を完全に駆逐するまでに、欧州は七〇〇年以上の年月を費やした。

七世紀にアラビアの砂漠に忽然と登場したイスラム（ムハンマド、神の啓示六一〇年、没六三二年）が、わずか一〇〇年を経ず、欧州を震撼させる軍事・政治勢力となるところに、イスラムという宗教の特質がある。メジナに脱出していたムハンマド自身が軍を率いてメッカを奪還し、全アラビアを制圧したことを原体験とし、「宗教と政治と軍事」が本来的に一体なのである。ＩＳＩＳなるテロリスト集団がいきなり「イスラム国」を名乗り登場してくるとわれわれは違和感を覚えるが、イスラムの論理からすれば、原点回帰的な意味もあるのだ。

第二の衝突は、一一世紀末から約二〇〇年にわたり、聖地エルサレムの獲得を目指してカトリック諸国の軍隊がイスラム軍制圧を試みた十字軍であり、キリスト教側の反撃と言える。トルコ人の侵入に悩むビザンツ皇帝の要請を受けて、一〇九五年にローマ教皇ウルバヌス二世が「聖地回復の義務」を宣言し、以後、一二二一年の第五回十字軍まで相互の憎しみを増幅させる。この殺戮の歴史が、今日でもイスラム勢力がキリスト教勢力に持ち出す敵対概念「十字軍」につながるのである。ローマ法王ヨハネ・パウロ二世が「十字軍」について正式に謝罪したのは、二〇〇〇年のことであった。

十字軍の時代の空気を引きずる一三〜一四世紀の欧州キリスト教社会のイスラムへの憎しみと偏見を象徴するのが、ダンテの『神曲』であろう。ダンテ・アリギエーリ（一二六五〜一三二一年）はイタリア・フィレンツェ生まれの詩人・哲学者で、『神曲』は一三〇七年から死の直前まで書き続けた代表作であり、「地獄篇」、「煉獄篇」、「天国篇」の三部作である。ダンテ自身が生身のまま三界を巡る構成になっているが、その「地獄篇」に、ダンテはイスラムの宗祖マホメットが地獄で苦しむ姿を登場させ、残虐な凌辱を加えている。

「我見しにひとり頤《おとがひ》より人の放屁する処までたちわられし者ありき、中板または端板を失へる樽のやぶれもげにこれに及ばじ／腸は二の脛の間に垂れ、また内臓と呑みたるものを糞《ふん》となす汚き嚢《ふくろ》はあらはれき／我は彼を見んとてわが全心を注ぎゐたるに、彼我を見て手をもて胸をひらき、いひけるは、いざわが裂かれしさまをみよ／マオメットの斬りくだかれしさまをみよ、頤より額髪まで顔を斬られて歎きつつ我にさきだちてゆくはアーリなり／そのほか汝のここに見る者はみな生ける時不和分離の種を蒔けるものなり、この故にかく截らる」（「地獄篇」第二八曲―二二～三五、邦訳は『神曲』〈ダンテ著、山川丙三郎訳、岩波書店、一九五二年〉）

おぞましいほどの偏見である。

第三の衝突は一六～一七世紀におけるオスマン帝国によるウィーン包囲だ。一五二九年のスレイマン一世によるウィーン包囲、一六八三年の大宰相パシャによる第二次包囲は、神聖ローマ帝国の本拠地であるハプスブルクの都ウィーンが「風前の灯」となったという衝撃は大きく、欧州のトラウマとなった。オスマン帝国の壁がアジアへの迂回航路を求めて「大航海時代」をもたらした構図はすでに述べたが、「オスマンの脅威」はトルコに対する警戒心となって今日でも欧州社会に根強く残っている。

第四の衝突には第一次世界大戦後のキリスト教国・欧州によるオスマン帝国解体がある。これは先述のサイクス・ピコ協定に象徴されるイギリス主導の「大国の横暴」と言うしかない、強引な列強による中東の分断統治の歴史であり、ちょうど一〇〇年前の一九一六年のことであった。つまり、二〇世紀という時代は、欧米のキリスト教国によってイスラムが抑圧されてきた時代といえよう。そして湾岸戦争と9・11を受けたアフガン・イラク戦争は、唯一の超大国となったアメリカによる中東制御の集大成であるかに見えたが、実は「イラクの失敗」によるアメリカの中東からの後退をもたらし、結果として「中東秩序の液状化」とイスラムの復興の契機となり、キリスト教対イスラムの第五の緊張関係を招いたと言えよう。

イラク戦争時のブッシュ大統領が、思わず「十字軍」という言葉を使ってイラク攻撃を語ったとき、浅はかな本音が見え隠れしていた。

二〇一五年に亡くなったドイツの元首相ヘルムート・シュミットは慧眼の人物で、二〇〇九年のベルリンでの会議で三日間、同席したことがあるが、「二一世紀の欧州の最大の課題はイスラムとの対話が成功するか否かだ」と語っていた。本当にそうだと思う。そして、今、第五の衝突においては、ISISなるものに象徴されるジハード主義を掲げる過激な暴力集団が台頭している。しかも、ジハードを中東の地域問題に限定せず、「グローバル・ジハード」とでも言うべき、テロの世界化を図る意図が明らかになってきた。

明確にすべきことは、イスラムとイスラム過激派もしくはジハード主義者を一緒にしてはいけないということである。多くのイスラム教徒は穏健な信仰者であり、冷静に分けて考えなければならない。宗教戦争の恐ろしさは何か。敵対する相手を一括りにして、自分にとって理解の外であり、自らの価値を毀損してくる相手に対しては、ただ憎しみだけを増幅させて襲いかかっていく狂気である。一九九五年にオウム真理教によるサリン事件が起こったとき、ワシントンのキリスト教徒の友人から、「オウムも仏教徒だってね。仏教徒というのは何を考えているかわからないから危険だよね」と言われ、私自身、愕然として言葉を失った思い出がある。われわれ自身も、自分が理解できないものは一括りで葬る意識を内在させているのである。

多くのイスラムの日常が穏健で、暴力主義とはかけ離れたものであるにしても、イスラムの教義に「ジハード主義」に吸引される可能性のある部分を内在させていることも確かだと思う。先に述べたように、宗祖ムハンマド自身がメッカ制圧を成し遂げたごとく、宗教的権威（神の使徒）と政治的権力（ウンマの統治）が一体となって征服（ジハード）への衝動を駆り立てる性格をイスラムが内在させているとも言える。

コーランの第九章五節「それで諸聖月が過ぎたら、多神教者を見出し次第殺し、捕らえて、包囲し、あらゆる道で彼らをまちうけよ」は、「剣の章」といわれ、かのウサーマ・ビン・ラーディンをはじめジハード主義者がよく引用する聖戦の根拠だが、よく読むと「だが、もし彼らが悔いて戻り、礼拝を遵守し、浄財を払うなら、彼らの道を空けよ。まことにアッラーはよく赦し給う慈悲深い御方」とある。寛容な姿勢が基本なのだが、抑圧や敵対に対しては「悪魔の後見と戦う」モードに入り、目が座ったような攻撃性を見せるのである。

また、「汝らアッラーの道に闘えよ、アッラーはすべてを聞き、あらゆることを知り給うと心得よ」（コーラン第二章二四四節）も、ジハード主義者がよく引用するコーランの教えであるが、一九三〇年に『イスラムにおけるジハード』を記したインド人イスラム思想家マウドゥーディーは、自らの利益を求めて敵を支配するための戦争をするのが西洋キリスト教社会の戦争であるのに対し、イスラム教のジハードは虐げられている者を擁護するための戦争だとして、「片手にコーラン、片手に剣」を正当化した。そのロジックは今もイスラム運動なるものに絡みついていると言えよう。

長い歴史を通じて続いてきたイスラム教とキリスト教の相克があり、さらに時代は新たな局面に入った。例えば、二〇世紀末から進行した「ＩＴ革命」、インターネットの普及という新たな情報技術革命のインパクトであり、当然のことながら、イスラムにもグローバル化なるものの衝撃が走った。アメリカ流資本主義の世界化と称して、商業主義とマネーゲームが世界を席巻し、その浸透の技術要素としてインターネットの普及が加速している。「アラブの春」をもたらした民衆運動におけるインターネットの役割は顕著で、イスラムの側の受け止め方も複雑である。核合意により国際社会と協調する路線に向かう道を選択したイランでも、二〇一六年二月に行われた選挙戦で、宗教指導者は「アメリカの堕落した文化にイランが染められてはならない」ということをしきりに強調していた。

「グローバル・ジハード」という言葉は二一世紀的状況を象徴しているのかもしれない。グローバリズムというキーワードの下で、資本主義の世界では企業が国境を越えてグローバルなビジネスモデルの最適化を求める動きが出てきたように、皮肉にもグローバリズムはイスラムに国境を越えたジハード主義を誘発している。その象徴がアルカイダでありＩＳＩＳのネット配信とテロリスト予備軍のリクルートであると言えよう。

日本としては、可能な限り宗教対立の外に立ち、宗教間の対話と相互理解を促す立場に立ち、間違ってもいずれかに加担する愚を犯してはならない。「テロとの戦い」に単純に連座して、逆恨みと誤解による攻撃に日本人が巻き込まれることを避ける賢明さが求められる。

日本と中東、そしてエネルギー戦略への視座

以上、述べてきた中東・エネルギー情勢認識をベースとして、日本がとるべき戦略について論及しておきたい。日本がエネルギーを国外に依存していることは否定できない事実である。特に化石燃料については、ついこの間まで原油の九割、天然ガスの三割を中東に依存して生き

てきた。「エネルギー流体革命」の名の下に、石炭から石油への転換を進め、一九六〇年代に石油に一次エネルギーの八割を依存するという国を作ってしまった。そのために、戦後の日本は石油戦略として中東に接近していった。

その流れの中で、第1章で詳述したとおり、三井物産も原油採掘権を求めてイランに進出した。しかし、原油開発は期待どおりには成果が出ず、契約の付帯条項だった石油化学コンプレックス事業だけが残った。そこにイラン革命、イラン・イラク戦争が勃発、それがきっかけとなって、三井物産の末席の情報担当として、私自身が中東に引きずり込まれることになり、その格闘の日々の中で、日本の化石燃料が中東に過剰依存していることの危うさを思い知らされた。

しかし、戦後日本の石油戦略は中東一本槍だったわけではない。一九七三年の石油危機で手痛い傷を負った日本は、過剰な中東依存からの脱却を図り、供給源の多角化に取り組んだ。一九八〇年代には日本の石油の中東依存率は七割を割るところにまで下がっていた。ところが、九〇年代以降、中東依存は再び高まり、直近の二〇一四年には八七%を中東に頼っている。九〇年代以降、石油市場のグローバル化が始まった。「石油の市場化」、つまり石油も「国際市況商品として市場が価格を決める」ものとなり、一セントでも安い商品を効率的に調達するために、「中東の石油を大型タンカーで効率的に日本に運ぶのが望ましい」という方向に向かった。

図5　日本の化石燃料輸入におけるロシアのシェアの推移

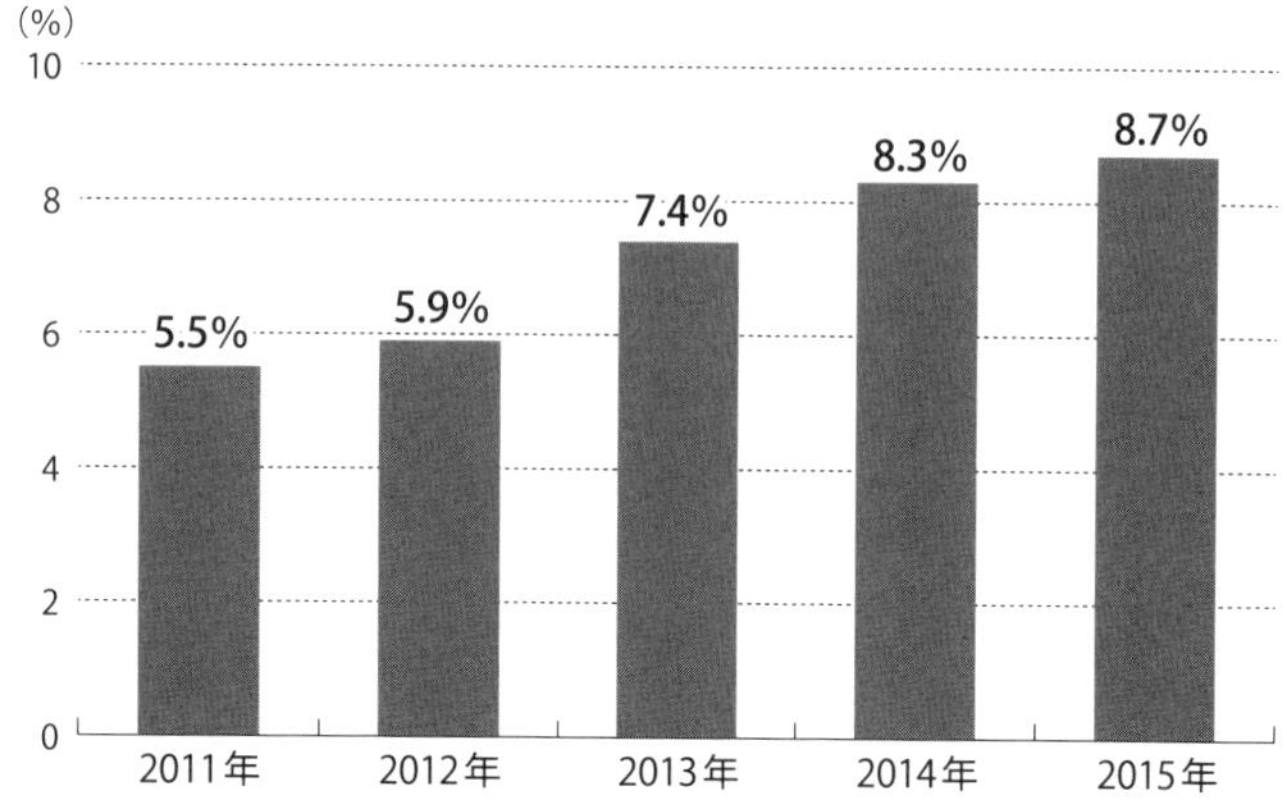

※「原油及び粗油」「液化天然ガス」「石炭」の輸入金額の合計を基に産出
（出所）財務省「貿易統計」

その結果、再び中東依存九割という状況に戻ったのである。

その後、イラク戦争を経て、中東情勢の不安定化を背景に、再び中東への化石燃料の過剰依存の不安が指摘され始めると、二〇一〇年代の五年間で、日本の化石燃料の供給源多角化が求められ、新たな局面を迎え始めた。とくに注目すべきはここ数年、日本は急速に「化石燃料のロシア依存」を高め始めていることである。一五年には、日本の化石燃料の八・七％をロシアから輸入するまでに至っている。シベリアパイプラインが太平洋側に辿り着き、サハリンプロジェクトが稼働し始めたこともあり、検討されているプロジェクトを積み上げるだけでも、二〇二〇年代には、日本の化石燃料供給のロシアへの依存は二割に達するであろうと言われる（図5）。

しかしながら、化石燃料のロシアへの依存の高まりは新たな問題を誘発している。日本がエネルギー供給をロシアにシフトさせ始めた、まさにその二〇一四年に、皮肉にもウクライナ危機が起こった。クリミア半島の分離併合を強行したプーチンに対し、G8からロシアを追放、G7での制裁という圧力をかけることになった。そうした中、G7の国々のうち日本だけがロシアとの経済関係を深めていることになるのだ。日本は日米露というトライアングル関係の中で、微妙で複雑な位置に立つことになった。

日本のロシアへのエネルギー依存の高まりは、とりわけアメリカにとっては不愉快な話だ。そのため、アメリカはシェールガスの対日輸出認可を前倒しにしたり、前述したように二〇一五年末には原油輸出を解禁したり、神経質な圧力をかけ始めている。中国・韓国という東アジア外交において緊張含みの安倍外交においては、ロシアとの関係維持は重要であり、ロシアも「北方領土」や「日露平和条約」さえちらつかせながらG7制裁の緩衝剤として日本への接近を図っている。アメリカにとっては、日露関係に疑心暗鬼を生じ始めており、オバマ後の日米関係にとっても大きな注目点になるであろう。

結局、日本のエネルギー戦略に問われているのは、多次元的な賢さである。簡単な言葉を使うと、絶妙のベストミックスであり、バランスの取れた賢さが求められる。エネルギーの外部依存が高く、国境を越えた電力の送配電網に支えられたドイツは、異なる次元でのエネルギー安全保障戦略が不可欠なのである。それゆえに、中東とも適切な距離感を保ち、立ち位置を間違えてはいけない。

国連での投票行為などを引き合いに、日本外交はアメリカのコピーだと国際社会で揶揄されている。しかし、そのコピー外交の中で、これまでも日本の対中東外交だけは異彩を放ってきた。戦略的だったというよりは、むしろ結果的にそうなってしまったと言ってよいとは思うが、例えば前述のとおり一九七九年のイラン革命の際にも、日本はイランの大使館を閉鎖せず、イランとの外交関係を維持してきた。イランとの国交を断絶したアメリカとの際立った違いである。

もう一つの違いがイスラエル・パレスチナ外交だ。アメリカの中東外交は、ユダヤロビーの絶大な影響下にあり、常にイスラエル支持に傾斜せざるをえない。これに対し、日本にはパレスチナとイスラエルのどちらかを支持しなければならない必然性はない。一九七三年の石油危機に際しては「アラブ友好国宣言」を発し、イスラエルを切り捨てた歴史もある。アメリカとの決定的な違いであり、外交上唯一と言ってもいい日本の個性だ。

しかも、中東で活動してきて実感することは、日本は湾岸産油国の人々から、日本人が思っている以上に期待もされているし尊敬もされているということだ。先進工業国の中で、日本だけが中東に対して、過去に領土的野心を持ったことがなく、「大国の横暴」に加担していない。中東のいかなる国にも軍事介入したこともなければ武器輸出をしたこともない。これは極めて重要なポイントなのだ。

厳密に言えば、小泉純一郎政権時にイラクに自衛隊を派兵したが、幸いにして、結果的にはイラク人を殺戮したり、自衛隊員が殺されたりしたこともなく派兵は終了した。しかも、あのときの派兵は、治安活動はしないという制約の中での出動だった。「何のためにイラクに来たのか」と半ば呆れられオーストラリア軍に守ってもらいながら〝人道復興支援活動〟と〝安全確保支援活動〟を行ったのである。

治安活動はしない「国際法上の軍隊の派遣」というのは奇妙な話だった。自衛隊は軍隊だが、治安活動はしないという国内向けの言いわけのために、もし、ジュネーブ条約の対象である軍隊ではないということになれば、活動の中で自衛隊員が何人かを殺害せざるをえなかった場合、その自衛隊員は個人としての殺人者になってしまう、という状況にあった。

それはともかくとして、イラク戦争での日本の立ち位置は迷走していたが、幸いにして血まみれにはならなかった。そういう意味で中東の人々の日本に対する尊敬と期待は非常に高い。湾岸産油国には、現地の日本人学校に子どもを入学させて、日本流の教育を受けさせることを切望する人がいるくらいで、日本には湾岸産油国からの留学生も多い。だからこそ、中東との良好な関係を維持するためにも、日本の中東戦略は立ち位置を見失ってはいけない。

シリアやイラク国内のＩＳＩＳ勢力に対し、アメリカを中心とする「有志連合」が空爆を続けている状況にあって、日本は有志連合に片足を突っ込みかけた空気になっているが、軍事的介入とは明確に距離をとるべきであろう。

「グローバル・ジハード」などという言葉が聞かれるほどイスラム・ジハード主義者によるテロが世界中に拡散、二〇一六年のラマダン期間だけで、世界中で三九九人の人がイスラム過激派によって殺戮された。バングラデシュのダッカでは、日本人七人を含む約二〇人が殺される事件が起こってしまった。日本人が「巻き込まれた」というよりも「日本人もターゲット」にされ始めているということだ。

「テロとの闘い」に参画することは大切だが、不必要な逆恨みや誤解によって日本が攻撃されることは避けねばならない。イスラム対キリスト教の歴史的遺恨とは異なる次元で、テロと向き合うべきなのであり、日本が取らなければいけないのは、驚くほどバランスの取れた、欧米とは異なる、「第三の道」に立った政策である。

粘り強く「宗教間対話」を呼びかけ、宗教的寛容に立つ世界の協調を主導し、中東の安定と繁栄に協力する姿勢を貫くことが可能であり、その覚悟なく中東に関わることはできないだろう。宗教が国際政治を突き動かす要素として蘇ったとも言える現下の状況の中で、日本が役割を果たすことができる可能性があるのは、宗教の和解の分野である。例えば、世界宗教者平和会議を主導してきた日本、というような姿が重要だ。

宗教間の憎しみの解決には、互いが相手を認めて尊重し合うほかに方法はない。それはカトリック対プロテスタントも、イスラム対キリスト教、ユダヤ教も同じだ。日本人の、よく言えば宗教的寛容性や多様性には、宗教間の争いを解決する一助になりうるポジティブな要素が含まれている。

日本という国や民族には、国内にも地域にも、家族や個人の中にさえ多様な宗教が共存するという、国際的には稀有な光景があるそれは宗教の共存が絵空事ではないことの証左でもありうる。だからこそ、日本は宗教間の対話の窓口を摸索して、対立者の側には立たないという立場を明確にしておく必要がある。

日本人の多くは宗教は個人のものだと信じているが、それは世界の常識ではない。宗教は民族のものであり、親族・家族のものであることのほうが多い。結果、ひとたび宗教の対立が起きると、その性格上、相手を一括りにした憎しみが増幅される。それは、中東で長く活動してきた私が肌で感じてきたことでもある。

例えば、イスラエルを頻繁に訪ねていた頃、よく言われたことがある。私が日本人であることを知ると、「日本は石油危機のときにわれわれを切り捨てて、アラブについたようだけど、君は憶えているか？」「日露戦争のときに、世界のユダヤ人が日本の国債を買って、日本を支援したことなんか知らないでしょう？」。私は何も日本人を代表してそこにいたわけではないし、日本全体と私個人は全然違うのだが、相手はそうは見ない。日本人はこうだと、一括りにして理解するのだ。

それゆえ、われわれは慎重で賢くなければならない。もし、日本が有志連合の戦列に加わるようなことがあれば、逆恨みの構図に引きずり込まれて、テロの標的にされる危険性がないとは言えなくなろう。こちらにその意思はなくても、有志連合の側に立つということは、ＩＳＩＳ側から見れば、空爆に加担しているのと同じである。日本人が、「私にはあなたを攻撃しようなどという意図は全然ないし、敵対する気持ちもないですよ」などと言ってみても、そんな理屈は通用しない。敵を一括りにして憎しみを増幅させるのが宗教対立の特徴であり、相手から見れば、日本が有志連合に名を連ねたということは、日本人全員が敵になったということなのである。イスラム教対キリスト教、ジハードといった宗教の文脈の中では、自分が自分を捉えているのとは別のロジックで、相手がわれわれのことを認識してくることがあると知らなければならない。

3・11を受けて

エネルギー問題について発言するとき、避けて通れないのは、原子力の問題である。とりわけ、二〇一一年の福島の原子力発電所事故を受けて、この問題を避けては、エネルギー問題の未来を語ることはできなくなった。

事故の衝撃を受け止め、私も必死になって原子力問題と格闘した。その軌跡を示す論稿が「いま原子力をどう位置付けるのか――より国家が責任を持つ体制を求めて」(『世界』二〇一一年八月号)と「戦後日本と原子力――今、重い選択の時」(同、二〇一二年六月号)などである。単行本『リベラル再生の基軸――脳力のレッスンⅣ』(岩波書店、二〇一四年)にこれらを所収しているので、再論は避けたい。だが、3・11以前から私が一貫して主張してきた原子力に関する論点だけは、こだわりがあり、簡明に述べておきたい。

この五年間、私はほぼ毎年、ウィーンのIAEA(国際原子力機関)、パリのIEA(国際エネルギー機関)を訪れ、専門家と向き合ってきた。資源エネルギー庁の総合資源エネルギー調査会での発言の前提として、世界のエネルギー事情については、正確な現状認識が必要と考えるからだ。こうした議論を通じて実感するのは、こと原子力だけは軍事利用の「核兵器」と平和利用の「原発」が表裏一体になっており、この意味において日本は「非核保有国で、原子力発電を推進してきた国として、唯一、核燃料サイクルを国際社会から容認されている特殊な国」という立場の自覚である。つまり、自らが持つ原子力の技術基盤をどう認識し、唯一の被爆国であり原発事故の当事者として、いかなる原子力政策をとるのか、国際社会への説明責任を負うということである。

ところが、残念ながら、現在の日本は極めて曖昧で無責任な原子力政策と言われても仕方のない状況に埋没している。神学論争のような「脱原発」か「原発推進」かの対立を引きずり、「限りなく原発に依存しないエネルギー社会を目指す」という幻想をチラつかせながら、原子力規制庁が安全を確認した原発から順次稼働させ、しかも、日米で連携して世界に原子力発電システムを輸出しようというのが、日本の原子力政策の骨格であるかの印象を与えている。

私は原発推進論にも脱原発論にも与《くみ》しない。「日本は平和利用に徹した原子力の技術基盤を維持し、この分野での国際的貢献を図るべきだ」というのが私の考えの基本で、「そのためには専門技術の分散と個別電力会社の経営判断に委ねるという国策民営の限界を認識して、国家が責任を持つ体制で、原子力を維持すべし」というのが私の見解である。

国のエネルギー戦略は「覚悟の問題」で、例えば、原油供給がすべて遮断されたならば、「松脂」を使ってでも凌《しの》がざるをえない構造に通じる。したがって、「脱原発」も覚悟を決めれば可能なのだが、3・11から五年経って、日本の「脱原発」の議論の多くは「観念論」の域を出ず、敗戦後の日本が「非武装中立論」に吸い寄せられたと同じ次元の虚弱さを内包している。状況が変われば都合よく変質する可能性が高い。

私の「原子力の技術基盤を維持して、国際社会のエネルギー問題への貢献力を高める」という主張には以下の理由がある。

第一に「日米原子力共同体」という事実認識の重さである。日本は日米原子力協定をベースとして日米原子力共同体というべきものに踏み込んでいる。つまり、日立とGE（ゼネラル・エレクトリック）、東芝とウェスチングハウスという枠組みで世界の原子力発電分野の中核責任主体なのである。日本の「脱原発論」の甘さは、中国・北朝鮮の核の脅威に対して「米国の核の傘」による抑止力には「守られていたい」としながら、他方で「脱原発」も可能だと考えることにある。日米安保体制を解消して「米国の核の傘」の外に出て、日米原子力共同体を解消すると言うのならば、論理的に一貫しているのだが、「脱原発」を語る元首相たちもアメリカに向き合うロジックは持たない。つまり、原子力に関するアメリカとの関係をどうするのかという総合戦略なしに議論は進まないのである。

原子力の技術基盤を維持すべき第二の理由は、「脱原発」にも専門性の高い技術が要るということである。例えば、停止中を含めて現在日本に五四基ある原発を順次廃炉にするにも、高度な基盤技術が必要である。また、福島原発の汚染水の処理にも除染にも技術基盤は必須なのだ。だが、原子力が今後どうなるかわからない現状において、若い優秀な原発技術者が育つわけがない。戦後日本は「平和のための原子力」に呼応して原子力工学を専攻した学生を六万人卒業させてきたが、この分野を学ぼうという志を持った学生はいまや激減し、このままでは、原子力技術の人材は枯渇し、自国では廃炉さえままならない状況に追い込まれかねない。

技術基盤の重要性において強調しておくべきことは、原子力技術は進化し、変質していることである。特に注目すべき次世代原発技術は、「小型原発」と「トリウム原発」であり、ウラン由来の大型原発を与件とするのではなく、リスクを極小化し、安全性を高めるという視界が必要であろう。

さらに、第三の理由として、近隣の東アジアの原子力状況がある。たとえ日本が脱原発に向かったとしても、中国は二〇三〇年までに八〇基八〇〇〇万キロワットの原発建設を計画・推進している。韓国も台湾も原発建設を電源基盤として推進している。少なくとも一〇〇基以上の原発が、日本を取り巻く東アジアに林立している状況を、一五年後には想定しておかねばならないだろう。そうした認識の中で、日本が原子力技術基盤の維持を放棄してしまえば、東アジア地域における原子力技術の安全性担保の仕組みや連携を議論する場所での日本の貢献力・発言力はなくなってしまう。

また、唯一の被爆国であり原発事故を経験した国として世界の非核化を目指して行動するにも、「原子力の安全な平和利用」の国際的議論を主導しようにも、「技術も理解できない素人」の議論に耳を傾けるほど国際社会は甘くないのである。「核を軍事技術として保有しうる技術的基盤はあるが、決して作らない」という基軸がなければ、核廃絶は夢見る乙女のシュプレヒコールに過ぎず相手にされないのであり、日本としては「日米原子力共同体」を梃子に「核なき世界」を引き寄せる賢さが問われるのである。

日本が原子力の技術基盤を維持する政策をとるならば、国家がより責任を担う体制で行うことが重要である。国家が責任を持つ体制とは、「電力会社がそれぞれ原発を管理運営し、国が規制する体制」ではなく、原子力だけは電力会社から分離して国策統合会社として運営すべきだということである。専門技術者の分散を避け、民間会社の経営判断を超えた決断（例えば、新技術への投資や廃炉判断など）を可能にするという意味もあるが、民間企業では潜在するリスクの高さを吸収しきれないことを思慮すべきである。非効率な国策会社にしないためにも、国際社会に「開かれた原子力」への運営体制を示すことも大切である。こうした体制こそ「非核のための原子力技術基盤」としてアメリカに真剣に向き合ううえで不可欠だと思う。

単純な、「脱原発」か「原発推進」かの二元論を超えて、賢くバランスの取れた長期戦略が求められるのである。「脱原発」の先行モデルのように言われるドイツのエネルギー戦略を注視すると、現有の原子力プラントは安全性を確認しつつ稼働させ続けており、欧州共同エネルギー政策を志向する中で、国境を越えた多様な電源ソースからの送配電網を構築し、安定供給確保に腐心していることがわかる。一方的に「再生可能エネルギー重視」に走っているわけではなく、安定性とコストを配慮しつつ総合エネルギー戦略を進めているのである。

福島の原発事故の教訓を日本がどう誠実に総括し、いかなるエネルギー戦略を示すのか、とりわけ原子力にいかなる方針を打ち出すのか。世界は注視している。ごまかしや、曖昧作戦ではなく、二〇三〇年の原子力に対する具体的計画を明示すべきであり、そのためにもまずは一八年に迫る「日米原子力協定の改定」に臨む戦略を示さなくてはならないだろう。

二〇一六年になって、米大統領選の候補者ドナルド・トランプが「日本の核武装を容認」するかのような発言をしたり、ロンドンの国際戦略研究所（ＩＩＳＳ）がマーク・フィッツパトリックによる *Asia's Latent Nuclear Powers*（アジアの隠れた原子力パワー，Routledge, 2016）という、日本、韓国、台湾の核武装の可能性を探る報告を出版したり、日本の原子力政策について、国際社会が新たな問題意識を持ち始めていることを示す動きが見られる。説明責任が問われているのだ。

おわりに——時代の目撃者としての責任

この本は私の体験の体系化の試みでもある。つまり、自分自身のフィールドワークと文献研究を練り上げ、歩みながら縄を綯《な》うように世界認識を構築する試みであったとも言える。また、そのプロセスで自分自身の視界がどう変わったかの記録でもある。この私自身の世界と格闘した体験は、同時代を生きた日本人が、時代の波を受けて世界に動かざるをえなくなり、「国際化」とか「グローバル化」という過程で直面を余儀なくされた課題への挑戦として、日本人として共有すべき記憶でもあると思う。

よく「寺島さんはこれまで何カ国ぐらい訪ねましたか」と聞かれることがある。ざっと数えて七〇カ国程度であろうか。世の中には一〇〇カ国以上の国を訪れた人も少なくない。私の場合は、その国に波状的に何度も足を運び、文献の読破と多くの人との面談によって認識基盤を作り、さらにフィールドワークで深めるというアプローチで世界認識を形成してきたのだと思う。

国際社会に生きることは緊張を伴う。文化も宗教も、育ってきた環境の違う人たちとの意思疎通にはどうしても壁が存在する。その中でいかにして自分を理解してもらい、自分の主張を実現するかの模索でもある。ただ一方で、そうした緊張を破顔一笑、笑い飛ばす余裕、気の利いたジョークで場を乗り切る洒脱さも必要となる。

私が強い印象を受けた国際社会の主役たちは、議論に行き詰まる瞬間にこそ、思わず口から出るジョークで局面を変える洒脱さを持っていた。そこで、世界で定番のパーティ・ジョークではあるが、国際舞台での本音の滲む小噺に触れておきたい。

暴風で難破した船から切り離された救命ボートに多国籍の客が取り残された。

何人かが犠牲になって海に飛び込まなければ、ボート自体が沈没することになり、誰が手を挙げるかという事態を迎えた。

まず、イギリス人に、あなたこそ紳士だ、と言うと静かに飛び込んでいった。

アメリカ人には、君こそがヒーローだ、と言うと胸を張ってポーズを決めて飛び込んだ。

ドイツ人には、これはルールなのだ、と言うと納得して飛び込んだ。

そして日本人には、皆さんそうしていますよ、と言うとやむをえないとうなずいて飛び込んでいった。

ここまでは、笑いを誘うジョークとしてよく耳にする。日本人には主体性がないと言われているようで、決して愉快ではないが、なんとなくそんな印象を与えている行動様式があることも確かだ。

この小噺に、私の体験を踏まえて、あえて付加するならば、こうなるだろうか。

ユダヤ人には、律法に従うならばこの判断が正しい、と言うと覚悟を決めて飛び込んだ。
中国人には、中華民族の歴史的栄光を示すときだ、と言うと誇らしく飛び込んだ。
インド人は納得のいくまで議論すべきだと主張し続け、あまりの時間の経過に乗員全員があきれかえり、インド人を残して飛び込んでいった。

要は、国際社会は一筋縄ではいかず、笑い飛ばしていかねば、生きていけないということだ。例の"Agree to Disagree"の精神で……。

中東という舞台を動いてみると、「汝は何処より来たりて、何処に向かう者ぞ」という中東一神教の本質的問いかけに、引き付けられる気がする。そして、「自分の存在目的を見つめ、あるべき社会、実現すべき価値を求めて、筋道だった生き方で、自分の役割を果たさねばならない」、そんな気になってくる。それが、この本を終えるにあたっての私の思いでもある。

本書のタイトルは当初『十字架とコーラン、そして日本――ある日本人の中東・エネルギーとの格闘の軌跡』としようと考えていた。日本人として理解の外とも言える中東一神教との邂逅を契機とする私自身の異文化体験を思考の起点として、世界認識を深めたいという意図からであった。だが、再考の上、『中東・エネルギー・地政学』とした。宗教書とは異なる現場からの全体知への接近を意識したためである。

日本におけるキリスト教徒は一三〇万人、人口のわずか一%にすぎず、隣の韓国の三二%に比べても極端に低い。いわんやユダヤ教徒、イスラム教徒は統計に計上されぬほど少数である。だが、世界における宗教人口を見つめるならば、キリスト教徒一八億人、イスラム教徒一〇億人、ユダヤ教徒二〇〇〇万人であり、このことへの関心と理解なしに世界認識は広がらないのである。ちなみに、仏教徒は三億人、ヒンドゥー教徒は七億人と言われる。

石炭会社の社員を父にもち、北海道の炭鉱で生まれ、生まれ落ちたときからエネルギーと縁があった。その男が不思議な縁に導かれ、「エネルギー」というキーワードを携えて世界の果てまで行ってきた、というのが私の半生であった。「ここまで来たぞ孫悟空」ではないが、アメリカ、イスラエル、アラブ諸国から始まり、ポルトガルやシンガポール、ロシアのサハリンというユーラシア大陸の果てまで歩き回り、自分の名前を記した旗を立ててきたつもりでいたが、冷静に振り返ってみれば、それは現代世界のエネルギー状況という大きなパラダイムの中での活動だったのだと感じる。つまり、お釈迦さまの掌の上で格闘する孫悟空のようなものだったと言えよう。

経済を突き動かすのは「時代のニーズ」である。最近、出光興産と昭石シェル石油の合併が話題になり、時代の趨勢なのかと溜息をついた。それぞれの企業が背負う歴史を思い出すからである。出光の創業家が「合併に反対」という報道も目にしたが、創業者出光佐三、かの「海賊と呼ばれた男」がイラン石油の輸入に道を開いた話は伝説であり、一方、昭石シェル石油はサウジアラビアとの縁の深い会社だ。戦後、一九五〇年代から六〇年代にかけて、つまり私が中東に巻き込まれる二〇～三〇年前に、われわれの先輩たちは「アラビア石油」「山下太郎」などの伝説を生んで、湾岸産油国、イラン、イラクへと展開していった。経済成長にはエネルギーが必要だったからだ。

経済成長とはすなわちエネルギー消費の拡大であると言って過言ではない。GDPを増加させるためには、どんなにエネルギー利用を効率化し、エネルギー弾性値を低くしても、エネルギー消費を増やさざるをえない。絶対に不可能とは言えないが、エネルギー消費を減らしながら経済成長を図ることは至難の業だ。より豊かさを求めて、エネルギーを確保しなければならない。われわれはそのうねりの中で動いてきたのである。

その意味で、お釈迦さまの掌の上とはいえ、世界の果てまで行ってみたら、少しずつ何かが見えてきたのも事実だ。日本の場合、エネルギーを中東に依存しているという現実の中で、エネルギー問題を突き詰めていくと、いつのまにか、宗教と民族が複雑に錯綜する構造の中に引き込まれていく。そして、中東という地域で繰り広げられた「石油と兵器」を巡る「大国の横暴」という歴史に気付き、愕然としながら、また気を取り直して、うねりに身を投じる。そんなことを繰り返してきたとも言える。

アジア太平洋戦争に向かった時代の日本は「石油の一滴は血の一滴」という思いで、ABCD包囲網を破って、スマトラのパレンバンの石油確保のために「空の神兵」と名付けて落下傘部隊を投下したことさえあった。

そして、戦後の日本は、まずは石炭、そして一九六〇年代には供給源を石油に求めて動いた。日本の一人当たりGDPは、六六年にようやく一〇〇〇ドルを超したが、これを八一年に一万ドルにまでもっていったのはまさに石油であった。そして、七〇年代以降の中東の地政学的動乱、イラン革命からイラク戦争に至る鳴動に翻弄されながらも、何とか「戦争」というカードを引かず、化石燃料から原子力までの「エネルギー・ミックス」で生き延びてきたのが日本であった。そして、その間の第五列を目を凝らして見つめながら生きてきたのが私であった。

その軌跡を踏まえ、しかも、3・11、福島原子力発電所事故という事態にさえ直面した日本が、さて今後どうするという課題に直面しているのが今だと言える。この課題に向き合うには、これまでの歩みを総括する視座が要る。しかも、薄っぺらなものではなく、経験を血肉とする「全体知」が必要だ。グローバル化とグローバル・ジハードが交錯する時代、われわれには経済の効率や成長だけでなく、民族・宗教をも視界に入れた歴史の鏡を磨いて時代を開く「全体知」が求められるのである。

「繁栄を通じた平和と幸福」、つまりＰＨＰの思想が無邪気に信奉された時代は終わった。にもかかわらず、日本人の多くは「成長のためなら異次元金融緩和でも財政出動でも何でもあり」の「リフレ経済学」なる虚構を信じ、実体経済を軽んじて「株価ありきのマネーゲーム」に狂奔している。繰り返すが、求められるのは全体知であり、やがて、虚構の経済学では現代の課題が解決できないことに気付く。

この本は「戦後日本＝エネルギー＝中東＝中東史と一神教」の相関を探り、その重層的理解のための試みであった。そして、そこから見えてくる日本という国の構造を直視することであり、現実の重さに打ちのめされながら、それでもあるべき時代と社会を模索する挑戦でもあった。

本書の出版の企画は、東洋経済新報社の山崎豪敏出版局長との対話の中から生まれたと言える。二〇回を超える打ち合わせと議論の並走をしてくれた同社出版局の佐藤朋保、論稿のまとめを手伝ってくれた岩本宣明、また同じく並走を続けてくれた寺島文庫、日本総合研究所のスタッフの諸氏には心から感謝したい。おかげで、しっかりとしたデータの裏づけのある本に仕上がったと思う。

東京九段下の寺島文庫は、私が多摩大学の学長になったことなどもあり、約七年前に世田谷にあった私の蔵書の集積点を都心に持ち出し、若者に活用させたほうがいいと思って動き出したプロジェクトだった。世田谷に残した本も含め、主として地理・歴史と国際交流に関する書籍が約6万点集積されている。世界を動くたびに、フィールドワークに必要とした文献が集積したものだ。

この文庫がこのところさまざまな研究会・勉強会の知的磁場になりつつあり、さらにいくつかのテレビ番組（BS11「寺島実郎の未来先見塾」毎週金曜日21時～、BS-TBS「月刊寺島文庫」毎月末土曜日23時～）の企画・制作に参画したこともあり、作品（書籍・報告書・番組・講演会）の制作拠点になり始めている。

活動を支えるネットワークも次第に構築され、寺島文庫戦略経営塾は単なる異業種交流会を超えて、時代と向き合う同志的結束を深め始めている。中堅企業の経営者からなる全国戦略経営塾メンバーも一二〇人を超えた。また、文庫の中核活動でもある「プロジェクト21」は、私がアメリカから帰国後、ほぼ二〇年にわたって毎月続けてきた時代認識と経営環境の研究会であり、セブン&アイ名誉会長伊藤雅俊、ファンケル会長池森賢二、元内閣情報調査室長大森義夫、ニトリ会長似鳥昭雄、アミューズ会長大里洋吉、ブラックロックジャパン会長井澤吉幸、鹿島建設副社長渥美直紀、ANA副社長竹村滋幸、日本陸連会長横川浩、衆議院議員齋藤健、岸本周平の各氏ら、産業・政治・メディア界の二〇人のメンバーの相互啓発の場となっている。

また三井物産の本間敏雄、江尻宏一郎、熊谷直彦、大原寛、上島重二、渡邊五郎、斉藤七朗、水野要、遠藤滋、島田精一、槍田松瑩、橋本芳博、細江茂光、清原良高、高橋修、山本明夫、竹田純久、小町千治などの各氏は、組織・仕事の上司・先輩・同僚という関係を超えて、時代と人生を語りうる器量の人物であった。困難なことがあっても逃げない先輩・同僚の胸を借りることができたことこそ、三井物産の企業文化だと振り返っている。

思えば、中東に波状的に飛び出していった頃、気丈夫な母は「山より大きな獅子は出ないよ」と言って送り出してくれた。戦前、赤十字の看護婦として大陸に渡り、多くの人の死傷を見てきた度胸の据わった人だった。確かに、山より大きな獅子が出たことはなかったし、地球上どこに行っても、人間の心を持ち、ひたすら幸福を探求する人が必死に生きていることを確認した。

二〇一六年七月　九段下の寺島文庫五階の物書き場にて

寺島実郎

【著者紹介】
寺島実郎（てらしま　じつろう）
1947年北海道生まれ。早稲田大学大学院政治学研究科修士課程修了後、三井物産入社。米国三井物産ワシントン事務所所長、三井物産常務執行役員、三井物産戦略研究所会長等を経て、現在は(一財)日本総合研究所会長、多摩大学学長。国土交通省・社会資本整備審議会道路分科会国土幹線道路部会長、同省・国土審議会計画部会委員、経済産業省・資源エネルギー庁総合資源エネルギー調査会基本政策分科会委員、農林水産省・「食と農の景勝地」検討委員会委員長等兼任。

著書に『リベラル再生の基軸―脳力のレッスンⅣ』(岩波書店)、『大中華圏―ネットワーク型世界観から中国の本質に迫る』『新・観光立国論―モノづくり国家を超えて』(NHK出版)、『二十世紀と格闘した先人たち――九〇〇年 アジア・アメリカの興隆』(新潮社)、『日本でいちばんいい県 都道府県別幸福度ランキング』『全47都道府県幸福度ランキング2014年版』『同2016年版』(いずれも監修、東洋経済新報社)他多数。

中東・エネルギー・地政学

2016年9月8日発行

著　者――寺島実郎
発行者――山縣裕一郎
発行所――東洋経済新報社
〒103-8345　東京都中央区日本橋本石町 1-2-1
電話＝東洋経済コールセンター　03(5605)7021
http://toyokeizai.net/

装　丁…………橋爪朋世
D T P…………アイランドコレクション
編集協力………岩本宣明
印　刷…………ベクトル印刷
製　本…………ナショナル製本
編集担当………佐藤朋保

Printed in Japan　ISBN 978-4-492-44431-3